博碩文化

博碩文化

Python

自動化股票網格交易
實戰 86 個活用技巧

使用Python實作台股網格交易策略
掌握自動化投資理財趨勢

劉承彥 ———— 著

- 深入掌握 Python 開發環境與語法
- 全方位了解 Pandas 資料分析應用
- 全面解析台股投資與技術分析
- 建立及回測網格交易策略
- 串接台股交易 API 來自動化執行交易

FIN TECH

博碩文化

Python 自動化股票網格交易實戰 86 個活用技巧

作　　　者：劉承彥
責任編輯：曾婉玲

董 事 長：曾梓翔
總 編 輯：陳錦輝

出　　　版：博碩文化股份有限公司
地　　　址：221 新北市汐止區新台五路一段 112 號 10 樓 A 棟
　　　　　　電話 (02) 2696-2869　傳真 (02) 2696-2867

郵撥帳號 17484299　戶名：博碩文化股份有限公司
博碩網站：http://www.drmaster.com.tw
讀者服務信箱：dr26962869@gmail.com
讀者服務專線：(02) 2696-2869 分機 238、519
（週一至週五 09:30～12:00；13:30～17:00）

版　　　次：2024 年 7 月初版

建議零售價：新台幣 600 元
I S B N：978-626-333-923-1（平裝）
律師顧問：鳴權法律事務所 陳曉鳴 律師

本書如有破損或裝訂錯誤，請寄回本公司更換

國家圖書館出版品預行編目資料

Python：自動化股票網格交易實戰 86 個活用技巧 / 劉
承彥著. -- 初版 . -- 新北市：博碩文化股份有限公司，
2024.07
　　面；　公分

ISBN 978-626-333-923-1（平裝）

1.CST: 投資分析　2.CST: 金融投資工具　3.CST:
Python(電腦程式語言)

563.5029　　　　　　　　　　　　　113010076

Printed in Taiwan

歡迎團體訂購，另有優惠，請洽服務專線
博碩粉絲團　(02) 2696-2869 分機 238、519

序 言

　　我撰寫本書時，一開始的想法是替自己增加一個投資選擇，當時想的是要如何在股票市場中，妥善利用股票價格波動、長期期望值為正的特性，去做一個更有效率的投資選擇，因此有了這個動機撰寫本書。

　　本書的內容是使用 Python，透過網格交易去進行歷史回測，並透過回測的結果，再轉換成自動化交易實作。對於想要進入股票投資的新手，還是有一定認知的主觀交易者來說，我期待本書會是一個良好的量化交易入門書籍。

　　我本身從事「資料分析」領域，樂於分享對於「量化投資」的想法，經營 FaceBook 粉絲專頁「Cheng's 交易－程式交易」，在 FaceBook 上也有「Python 程式交易」社團，歡迎讀者加入，共同討論分享。

　　關於內容，由於本書的某些章節內容息息相關，筆者也儘量將相關聯的技巧揭示在內文中，如有紕漏之處，敬請見諒。

　　最後要感謝出現在我生命中的每個貴人，人生就像一場旅程，謝謝你們讓我不斷成為更好的人。

劉承彥 謹識

目錄

|CHAPTER| **05 台股歷史資料取得與資料視覺化介紹** 121

|CHAPTER| **06 網格交易介紹與歷史回測實作** 145

|CHAPTER| **07 串接台股下單及帳務函數** 167

|CHAPTER| **08 實戰台股網格自動化交易** 177

開發環境介紹

本章有助於學習者從整體概念開始,逐步深入到具體的操作和實踐,並在過程中理解和應用開發環境的最佳實踐。首先介紹整合開發環境和 Python 常用 IDE,然後探討開發環境的考慮層面,再銜接到安裝 VS Code 和配置 Python 環境,然後是版本控制和虛擬環境的介紹與配置,最後是依賴管理、程式碼風格和 Linting 工具的介紹與實作,包括自動格式化和測試執行功能。

技巧1 【觀念】整合開發環境 IDE 介紹

「整合開發環境」（Integrated Development Environment，簡稱 IDE）是一種為開發者提供全面支援的開發軟體，IDE 通常將多種開發工具集合到一個單一的軟體介面當中，使開發者能夠更有效率的開發、測試軟體。

以下是幾個典型的 IDE 必要提供的功能：

功能	說明
程式碼編輯器	提供程式碼編輯功能，通常支援程式碼補齊、程式碼檢查、程式碼執行等功能。
建立自動化工具	協助自動化編譯、打包等過程，常見工具包括 Makefile 等。
Debug 執行	提供程式碼調整試錯功能，允許設定程式斷點、單步執行程式碼、觀察變數等，以便開發者查找和修正程式中的錯誤。

接著來簡單介紹一下，有使用 IDE 的開發者與無使用 IDE 程式介面（簡易文字編輯器）開發者的差異：

差異	說明
更有開發效率	IDE 整合編輯、建構和 Debug 等工具，開發者可以在一個介面中完成大部分工作，減少工具切換的時間。
程式碼品質保證	大多數 IDE 都提供語法檢查、程式碼補齊和程式碼預期錯誤提示等功能，甚至是提供相關進階外掛，能夠幫助開發者及時發現和修正錯誤。
排除錯誤更容易，Debug 執行支援	IDE 提供強大的試錯功能，允許設定斷點、逐步執行程式碼、查看變數值等，有助於快速錯誤定位和解決。
套件擴展性強	大多數 IDE 支援安裝套件和擴展，開發者可以根據需要去安裝不同的套件，定義自己的開發環境。

技巧2 【觀念】Python 常用 IDE 介紹

我們所處的時代，是軟體開發蓬勃的時代。在選擇開發環境時，有非常多種 IDE 可以選擇，而每個 IDE 都有其獨特的風格和適用場景。

通常我們選擇 IDE 的考量因素，有以下幾類：

考量因素	說明
程式語言支援	確保所選的 IDE 是可以支援開發者所使用的程式語言。
操作系統兼容性	不同的 IDE 可能對在不同作業系統（Linux、Mac、Windows 等）上有更好的相容性，選擇與開發環境相容的 IDE。

考量因素	說明
外掛功能需求	根據專案需求，選擇具備必要功能的 IDE，例如：版本控制、測試（Test）、Debug 等。
社群	選擇擁有活躍社群和良好長期支援的 IDE，可以更方便地找到解決方案。

接著，以下是一些常用的 Python IDE 的詳細介紹：

❖ PyCharm

PyCharm 是一款主要用於 Python 語言開發的 IDE，由 JetBrains 公司開發，擁有 Microsoft Windows、macOS 和 Linux 版本等不同版本，主要功能有程式碼補齊、程式碼檢查、程式碼修復、Debug 工具、內建單元測試、版本控制等。

PyCharm 專爲框架設計，對 Django、Flask 等常用 Python 框架有良好的支援，適用場景是大型 Python 專案和需要多框架支援的專業開發者。

❖ Visual Studio Code

Visual Studio Code（簡稱 VS Code）是一款由微軟開發且跨平台的免費原始碼編輯器，主要的優勢有啓動速度快、占用資源少、非常適合輕設備（例如：筆電）開發等，也擁有大量外掛插件，可以根據需要來增加各種功能，如程式碼智慧補齊、Linting 等，並內建 Debug、版本控管等工具。最重要的是多語言支援，除了 Python，還支援 JavaScript、TypeScript、C++、Java 等多種語言，是一個多用途的開發工具。

而場景則適合需要靈活拓展的開發者及同時使用多種編程語言的開發者，也是因爲這個特性，筆者選擇用 VS Code 來進行本書的操作介紹。

圖 1-1 爲使用 VS Code 開發 Python 的畫面，左邊是安裝外掛的介面，右邊則是軟體開發畫面。

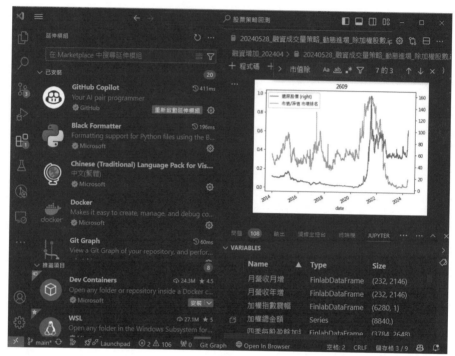

▲ 圖 1-1

❖ Jupyter Notebook

Jupyter Notebook 是一款 Python 的資料開發環境，主要用於資料科學和機器學習相關的應用。由於特殊的開發環境，讓資料分析者可以更加理解資料以及做相應的開發。

Jupyter Notebook 的開發方式是，開發者在單個區塊中編寫和執行程式碼，並即時查看該區塊的輸出結果，如圖 1-2 所示。

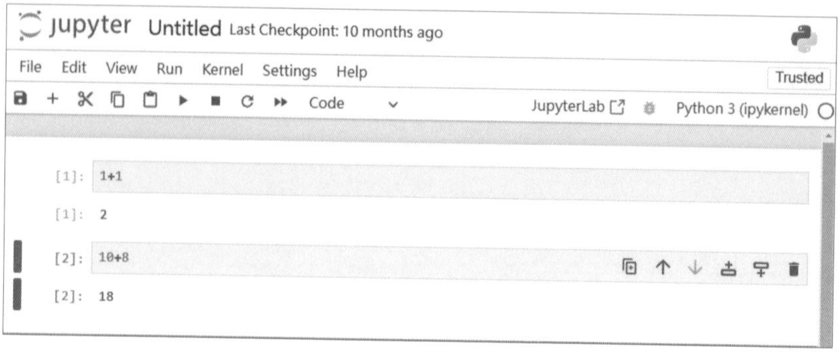

▲ 圖 1-2

Jupyter Notebook 是一種支援多種高階直譯式程式碼的工具,除了 Python,還支援 R、Julia 等其他語言,適合資料科學家和研究人員。Jupyter Notebook 也能將 Notebook 文件分享給他人,並且能夠直接在程式碼中觀察資料分析過程與結果。

Jupyter Notebook 的適用場景如資料分析、機器學習和教育用途,尤其是需要快速分享結果的場景;順帶一提,VS Code 也有 Jupyter Notebook 的外掛支援工具(ipykernel),兩者不衝突,可以同時使用。

❖ Spyder

Spyder 是一個使用 Python 語言的開放原始碼跨平台科學運算整合開發環境(IDE),且整合了 NumPy、SciPy、Matplotlib 與 IPython,以及其他開源軟體。

Spyder 類似於 MATLAB 的介面,提供變數檢視器、繪圖窗口和控制台等,方便進行科學計算和資料分析。強大的編輯器有程式碼補齊、程式碼檢查等功能,可內建 Debug 支援、設定斷點、逐步執行程式碼和觀察變數值。IPython 執行畫面,提供強大的互動式 Shell,方便進行即時資料分析和測試。

Spyder 的適用場景如資料蒐集、科學計算和資料分析,支援 DataFrame 資料型別的變數檢視,如圖 1-3 所示。

▲圖 1-3

技巧 3 【觀念】常規遵循開發環境的框架

上一技巧提到 Python 有哪些整合開發環境，本技巧將針對開發環境來進行更深入的解釋，並讓程式開發初學者可以提前了解到選擇不同開發環境對未來的發展影響與限制。

在設定和使用開發環境時，遵循一些開發流程，可以提高個人開發效率、品質及團隊協作的效率。以下是一些關鍵的開發流程：

❖ 專案資料夾結構與文件定義

- 任何的開發需求都要以專案為單位。

- 不要將檔案零散於檔案系統各地，這樣會讓開發者自身不易管理，也讓交接環節變得困難。

- 保持檔案和資料夾結構的一致性，便於理解和維護。

- 常見的專案目錄結構，在專案根目錄（/）底下：

項目	說明
src/ 或 app/	存放主要應用程式的程式碼。
tests/	存放測試程式碼。
docs/	存放檔案。
configs/	存放設定檔。
scripts/	存放各種腳本，如自動化和部署腳本。
data/	存放資料（如果資料檔案較大，建議不納入版本控制）。
.gitignore	指定 Git 上傳應忽略的檔案和目錄。
README.md	專案說明檔案、使用指南，讓使用者便於了解專案。
requirements.txt	記錄 Python 套件。

❖ 使用版本控制及常見的版控策略

Git 是分散式版本控制的工具，我們會使用 Git 來進行分散式開發、版本控管等操作，通常我們會使用一些版本控制的策略來進行程式碼版本管理，主要是限縮每次專案修改時，可能會對整體專案造成不良影響的機率。

常見的就是 Git 分支策略，在 Git 上有開發分支的概念，我們每次調整主要程式碼時，會額外開啟其他分支（branch）去進行修改，當分支開發完成並確認無誤後，會將分支合併回主要程式碼（main）中，概念如圖 1-4 所示。

▲ 圖 1-4

在 Git 每次 Commit 提交新程式碼修改時，建議提供清楚和具體的提交內容，便於日後問題追蹤與回顧。在合併程式碼（MR：Merge Request）前，會透過 Pull Request（PR）進行程式碼檢查（Code Review），確保程式碼功能、品質沒問題，再進行分支合併。

❖ 定期備份

備份	說明
自動化備份	除了 Git 儲存以外，也可以在系統端設定自動化儲存的腳本（Shell Script），定期備份重要資料庫（Database）和設定文件（Config）。
遠端儲存	將備份儲存在遠端（例如：Github 等伺服器），以防止本地端資料遺失。
版本化備份	保留多個備份版本，以便在需要時恢復到早期狀態（Git）。

❖ 環境配置管理

環境配置主要用於將一些特定的資料，透過其他方式讓程式碼取用，而非直接將重要的資料寫進程式碼當中，這樣就不用擔心程式碼外流導致的資訊安全問題。

特定資料	說明
環境變數	專案可以使用環境變數來管理敏感資訊，適用於容器化的服務，可以不必將敏感資訊寫進程式碼當中。
設定檔	將設定資料與程式碼分離，使用設定檔（如 .env、config.yaml），根據不同環境（開發、測試、正式）載入不同設定，做到不需要依照上線的環境不同而調整程式碼。

❖ 自動化和持續整合（CI）

在了解 Git 版本控制的基礎概念後，就會切入到 CI 這個概念。持續整合（CI）的流程如下：

流程	說明
程式建置	使用 CI 工具（如 GitHub Actions、Jenkins 等）自動化建構和部署，確保程式碼變更不會破壞整個專案。
自動化測試	撰寫自動化測試，包括單元測試、整合測試和點對點測試，在每次程式碼更新後，都會自動將這些程式碼進行測試。

❖ 開發環境一致性

開發環境主要分為兩個部分，第一個是專案所在的系統，第二個是專案內的開發環境，這兩者都需要高度的一致性，才會讓測試程式部署到上線環境時，發生更少的錯誤。目前常見的解決方案如下：

解決方案	說明
使用容器化	使用 Docker 等容器技術，來確保開發、測試和生產環境的一致性。
虛擬環境	在開發 Python 應用時，使用虛擬環境（如 virtualenv）來隔離不同專案的依賴。

技巧4 【實作】VS Code 安裝介紹

本書中後續的介紹，都將基於 VS Code 的開發環境去進行介紹，筆者選擇 VS Code 的原因有幾個，VS Code 許多優點都在 IDE 的技巧中有提到，最主要是因為筆者的職業性質，需要接觸到多種程式語言，VS Code 剛好是最適合筆者這種開發者的選項，依照自身所需的功能，再透過外掛套件補齊。

接著，我們來介紹 VS Code 安裝過程：

|STEP| **01** 先進入 VS Code 官方網站[*1]，並下載安裝檔，如圖 1-5 所示。

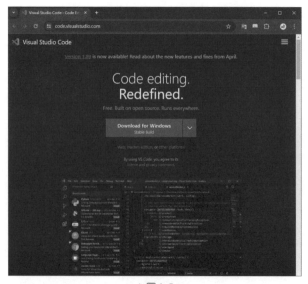

▲ 圖 1-5

＊1　VS Code 官方網站：URL https://code.visualstudio.com/。

|STEP| **02** 執行安裝程序，選擇「我同意（A）」後，並點選「下一步」按鈕，如圖 1-6 所示。

▲圖 1-6

|STEP| **03** 決定要安裝的路徑後，點選「下一步」按鈕，如圖 1-7 所示。

▲圖 1-7

|STEP| **04** 決定選擇「開始」功能表的資料夾位置，並點選「下一步」按鈕，如圖 1-8 所示。

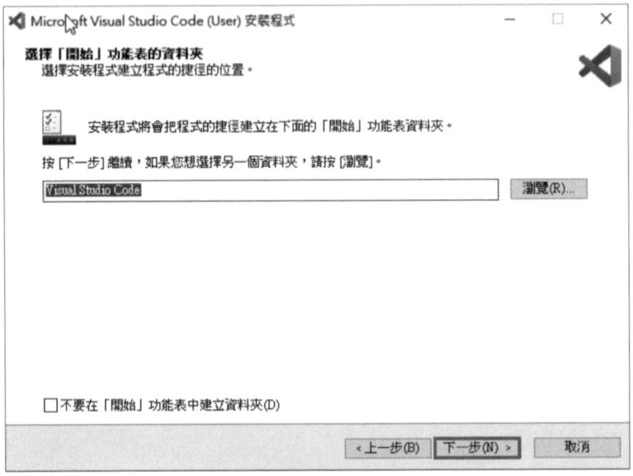

▲ 圖 1-8

|STEP| **05** 勾選「建立桌面圖示」，並點選「下一步」按鈕，如圖 1-9 所示。

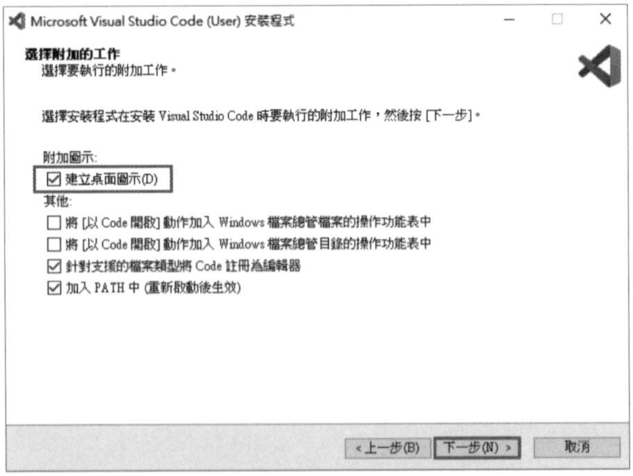

▲ 圖 1-9

|STEP| **06** 點選「安裝」按鈕,如圖 1-10 所示。

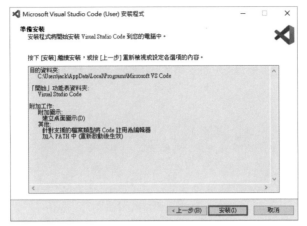

▲圖 1-10

|STEP| **07** 安裝完成後,會自動啟動 VS Code 軟體。點選「完成」按鈕,如圖 1-11 所示。

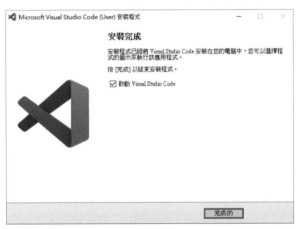

▲圖 1-11

|STEP| **08** 安裝完成後,我們可以啟動 VS Code,畫面如圖 1-12 所示。當使用者看到這個畫面,就代表 VS Code 已經初步安裝完成了。

▲圖 1-12

技巧5 【實作】VS Code 安裝 Python 開發環境

本技巧將介紹如何從 VS Code 中安裝 Python 環境。在 VS Code 內要使用 Python 的執行環境時，我們必須先在系統上安裝 Python 的執行環境，也就是安裝 Python 的直譯器（VS Code 稱為「解譯器」），這部分內容請參考技巧 14。

有兩種方式可在 VS Code 裡安裝 Python 開發環境，以下依序介紹。

❖ 安裝 Python extension

|STEP| **01** 安裝 Python extension，如圖 1-13 所示。

▲圖 1-13

|STEP| **02** 安裝完成後，點選「新增檔案」，並選擇新增「Python」檔案，如圖 1-14 所示。

▲ 圖 1-14

|STEP| **03** 開啟 .py 檔案後，在右上方寫入程式碼：「print('hello world')」，並寫儲存檔案名稱為
「test_1.py」，然後點選右上方的「執行」按鈕，右下方會出現執行結果，如圖 1-15
所示。

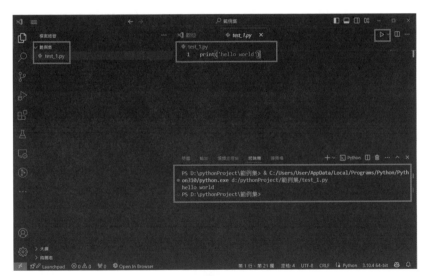

▲ 圖 1-15

❖ 安裝 jupyter extension

　　另外一種開發環境是在 VS Code 裡面的 jupyter notebook，jupyter notebook 是採用互
動式的開發流程，對於程式初學者、資料分析者而言比較友善，而 VS Code 也能無痛銜
接。

|STEP| **01** 安裝 jupyter extension，如圖 1-16 所示。

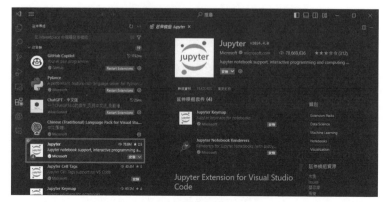

▲ 圖 1-16

|STEP| **02** 新增的檔案類型，則選擇「.ipynb」副檔名，如圖 1-17 所示。

▲ 圖 1-17

|STEP| **03** 輸入簡單的「1+1」，並點選左方的「執行」按鈕，如圖 1-18 所示。

▲ 圖 1-18

|STEP| **04** 選擇系統中可以執行的 Python 環境（可以到 Python 的官網去進行下載安裝），如圖
1-19 所示。

▲ 圖 1-19

|STEP| **05** 呈現該區塊的執行結果，如圖 1-20 所示。

▲圖 1-20

技巧 6 【觀念】分散式版本控管 Git 介紹

Git 是一種分散式版本控制系統（Distributed Version Control System，DVCS），專為管理程式碼的變化而設計。Git 由 Linus Torvalds 於 2005 年開發，旨在為 Linux 核心開發提供高效的版本控制，能夠追蹤所有檔案的變更歷史，允許多名開發者同時在不同的分支上工作，並提供強大的合併和衝突解決機制，在這樣的機制上，高度提升開發的工作效率。

❖ Git 特點

Git 的主要特點如下：

特點	說明
分散式架構	● 每個專案的工作目錄都是一個完整的儲存庫（repository），儲存庫不僅包含資料夾、檔案，也包含所有專案的完整歷史。 ● 開發者可以在本地儲存庫（硬碟）進行提交（commit）、分支（branch）和合併（merge），無須網路連接。
分支管理	● Git 的分支（branch）非常輕量，建立和切換分支非常快速和高效。 ● 可以使用分支來隔離開發中的新特性、修復 Bug 或進行測試，不影響主分支（main/master）的穩定性。
合併和合併衝突解決	● Git 提供多種合併策略，如 fast-forward merge、three-way merge 等。 ● 強大的合併工具能夠自動解決大多數合併衝突，並提供手動解決衝突的選項。
完整的歷史紀錄	● Git 儲存了每次提交的完整歷史，開發者可以回溯到任意版本，檢查和復原之前的變更。 ● 支援標籤（tag），可以標記重要的版本。
分散式工作流	● 支援多種工作流，如集中式工作流、Gitflow 工作流、Forking 工作流等，適應不同團隊的開發需求。 ● 每個開發者可以自由選擇自己的工作方式，然後將變更推送到遠端儲存庫（remote repository）。

❖ Git 基本概念

概念	說明
儲存庫（Repository）	儲存內容和版本歷史的地方，分為本地和遠端。
提交（Commit）	提交是一個變更快照（Snapshot），包含了目前工作目錄的狀態，每次提交都有一個唯一的雜湊值（SHA-1）去表示唯一性。
分支（Branch）	分支是提交的指向，代表一條獨立的開發線。常用的分支有 main（或 master）和 develop。
合併（Merge）	合併是將兩個或多個分支的變更結合在一起。Git 會自動嘗試合併變更，遇到衝突時需要手動解決。
克隆（Clone）	從遠端儲存庫複製一個完整的本地倉庫，包括所有的分支和提交記錄。
拉取（Pull）	拉取是將遠端儲存庫的變更更新到本地倉庫。
推送（Push）	推送是將本地倉庫的變更發送到遠端儲存庫。

❖ Git 基本操作流程

接著，我們會透過 VS Code 的 Git 操作，去對應到 Git 相對應的指令。

|STEP| **01** 初始化儲存庫。

用途為在工作目錄中啟用 Git 版本控制功能，對應指令為「git init」，VS Code 操作如圖 1-21 所示。

▲ 圖 1-21

|STEP| **02** 將修改的程式碼放置到暫存區。

在暫存區的檔案，後續可以提交去建立一個變更快照「git add test_1.py」，VS Code 操作如圖 1-22 所示。

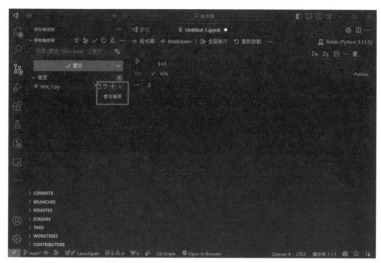

▲ 圖 1-22

|STEP| **03** 提交變更。

在儲存庫當中,設定一次記錄點,記錄該次的變更,建議提交訊息要設定爲有意義的文字,方便日後追蹤,指令爲「git commit -m 訊息」,VS Code 操作如圖 1-23 所示。

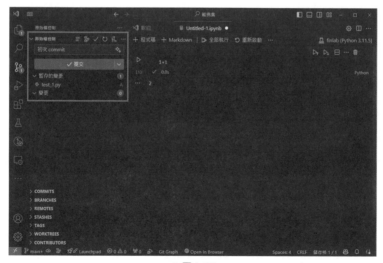

▲ 圖 1-23

|STEP| **04** 提交後的畫面，如圖 1-24 所示。

發布 Branch 則是 Push 指令。

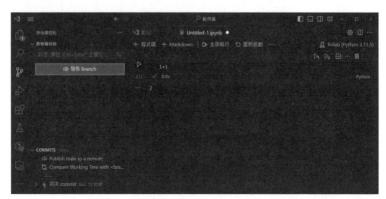

▲ 圖 1-24

|STEP| **05** 推送變更（commit）到遠端儲存庫。

這裡推送到 Github，讀者需要先申請 Github 帳號密碼，相對應指令為「git push origin 儲存庫名稱」。

我們可以選擇要發布為「私人專案」、「公開專案」，這裡因為是練習的緣故，我們選擇「私人專案」，專案名稱預設為「資料夾名稱」，並要注意 git repository 名稱不要設定為中文，會被減號取代，VS Code 操作如圖 1-25 所示。

▲ 圖 1-25

|STEP| **06** 發布時，會需要輸入 Github 帳號密碼。發布成功以後，點選「在 Github 上開啟」按鈕，如圖 1-26 所示。

▲ 圖 1-26

|STEP| **07** 在 Github 查看遠端儲存庫，如圖 1-27 所示。

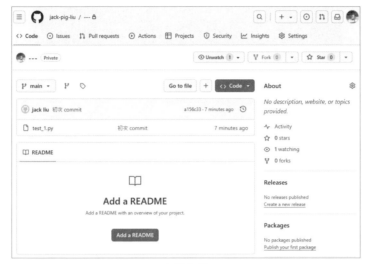

▲ 圖 1-27

|STEP| **08** 建立新分支。

　　在專案中建立一個新分支，相對應的指令為「git branch 分支名稱」。VS Code 操作是選擇左下方的 Git 分支名稱，並且選擇建立新分支，如圖 1-28 所示。

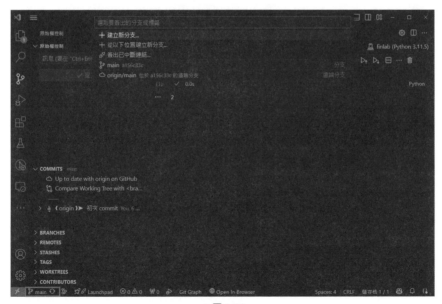

▲ 圖 1-28

|STEP| **09** 輸入分支名稱「第一個分支」，如圖 1-29 所示。

▲ 圖 1-29

|STEP| **10** 新增完分支以後，會發現左下方的目前版本為「第一個分支」，如圖 1-30 所示。

▲ 圖 1-30

|STEP| **11** 新建一個檔案「test_2.py」，建立第一次提交，並推送至遠端儲存庫，如圖 1-31 所示。

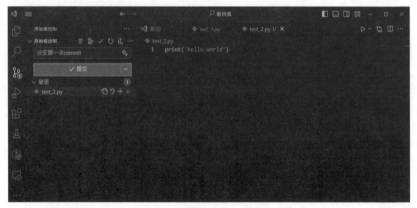

▲ 圖 1-31

|STEP| **12** 發布完成後，可以在遠端儲存庫看見分支，如圖 1-32 所示。

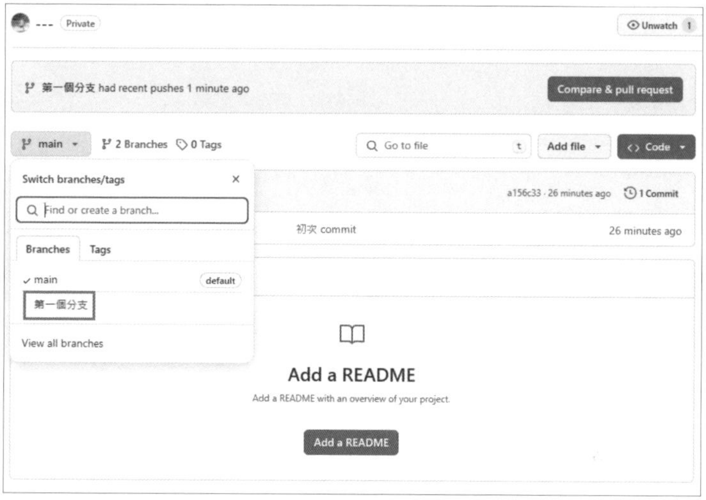

▲ 圖 1-32

|STEP| **13** 切換分支。

如果一個儲存庫有多個分支，可以進行切換，對應的指令爲「git checkout 分支名稱」。VS Code 操作是選擇畫面左下方的 Git 分支名稱，接著選擇你要切換的分支名稱即可，如圖 1-33 所示。

▲ 圖 1-33

|STEP| **14** 合併分支。

將分支合併回原始的分支，對應的指令爲「git merge 分支名稱」。選擇 Git 畫面右上角的「…」，接著選擇「分支→合併」，VS Code 操作如圖 1-34 所示。

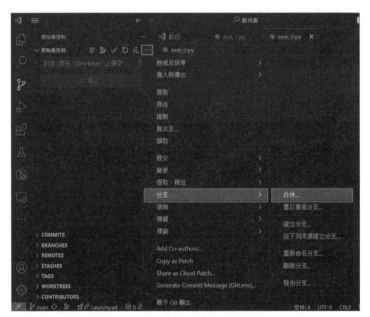

▲圖 1-34

|STEP| **15** 選擇你要合併的分支名稱即可，VS Code 操作如圖 1-35 所示。

▲圖 1-35

|STEP| **16** 點選「同步變更」按鈕，如圖 1-36 所示。

▲圖 1-36

|STEP| **17** main 分支出現分支的檔案「test_2.py」，如圖 1-37 所示。

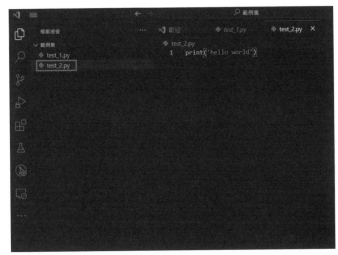

▲ 圖 1-37

|STEP| **18** 刪除分支。

對應的指令為「git branch -d 分支名稱」。選擇 Git 畫面右上角的「…」，接著選擇「分支→刪除分支」，VS Code 操作如圖 1-38 所示。

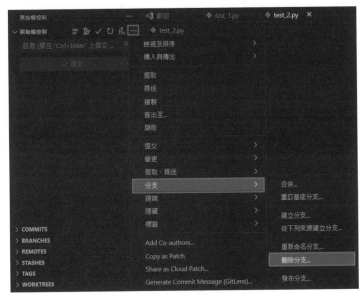

▲ 圖 1-38

|STEP| **19** 選擇要刪除的分支，如圖 1-39 所示。

▲圖 1-39

|STEP| **20** 克隆（Clone）遠端儲存庫。

將外部儲存庫完整下載到本地端，相對應的指令為「git clone 儲存庫的下載連結」。到 VS Code 裡面，選擇「存放 Git 存放庫」，VS Code 操作如圖 1-40 所示。

▲圖 1-40

|STEP| **21** 輸入遠端儲存庫的連結，如圖 1-41 所示。

▲圖 1-41

|STEP| **22** 隨意選擇自己要克隆（Clone）的 Github 專案，點選「Code → HTTPS → 複製」，並將網址貼到 VS Code 裡面，如圖 1-42 所示。

▲圖 1-42

|STEP| **23** 選擇本地端要儲存的資料夾空間,如圖 1-43 所示。

▲圖 1-43

|STEP| **24** 點選「開啟」按鈕,如圖 1-44 所示。

▲圖 1-44

|STEP| **25** 點選「信任資料並繼續」按鈕，如圖 1-45 所示。

▲ 圖 1-45

|STEP| **26** 拉取遠端變更。

當專案多人協作時，我們需要在開發前，先將遠端最新狀態同步，則使用「拉取」（Pull），對應的指令為「git pull origin 分支名稱」。選擇 Git 畫面右上角的「…」，接著選擇「提取」，VS Code 操作如圖 1-46 所示。

▲ 圖 1-46

技巧 7 【實作】Git 相關外掛安裝介紹

上一技巧介紹了 VS Code 的 Git 基本操作，以及介紹 Git 相關指令，接下來將介紹 VS Code 上有關 Git 的相關套件，適合開發者能更直覺使用 Git 相關操作。本技巧將介紹 GitLens、Git Graph 套件。

❖ GitLens 套件

GitLens 是一個強大 VS Code 外掛，它透過儲存庫中的 Git 資訊，幫助開發者更加理解專案的開發歷史。

|STEP| *01* 安裝 GitLens 並啟用，如圖 1-47 所示。

▲ 圖 1-47

|STEP| *02* GitLens 提供程式碼檢視「(Code Lens):」。

GitLens 在每行程式碼上方，顯示該行最後一次修改的作者和時間資訊，如圖 1-48 所示。

▲ 圖 1-48

|STEP| *03* GitLens 提供歷史檢視。

GitLens 提供目前檔案的完整歷史，允許你查看每次提交的詳細資訊，如圖 1-49 左下方所示。

▲圖 1-49

|STEP| **04** GitLens 提供比較觀察。

GitLens 可比較工作區文件與歷史版本之間的差異，如圖 1-50 所示。

▲圖 1-50

❖ Git Graph 套件

Git Graph 是另一個 VS Code 外掛套件，它專注於提供一個視覺化的 Git 分支圖，可幫助你更直觀地管理和查看 Git 儲存庫的歷史紀錄。

|STEP| **01** 安裝完成 Git Graph，如圖 1-51 所示。

▲ 圖 1-51

|STEP| **02** 點選畫面最下方的「Git Graph」，即可查看專案的分支歷史圖表，如圖 1-52 所示。

▲ 圖 1-52

技巧 8 【觀念】虛擬環境介紹

本技巧將介紹虛擬環境，虛擬環境（Virtual Environment）是一種工具，用於在 Python 開發中建立一個「隔離」的環境，讓每個專案都能擁有自己的套件清單和 Python 版本，如此可以避免不同專案之間的版本、套件衝突，確保專案在不同開發環境中具有穩定的執行環境。

套件最主要有三個功能：

功能	說明
套件管理	各個專案可能依賴於不同版本的套件庫。使用虛擬環境，可以為每個專案指定特定版本的套件，避免版本衝突。
隔離開發環境	不同專案的開發環境（設定變數等）互不干擾，保持專案的獨立性和穩定性。
簡化部署	可以輕鬆複製虛擬環境，確保開發和部署環境的一致性。

常用的虛擬環境工具：

工具	說明
venv	Python 3.3 之後內建的標準套件，用於建立虛擬環境。簡單易用，適合大多數場景。
virtualenv	與 venv 類似，但功能更強大，支援 Python 2 和 Python 3。提供更多的配置選項和擴展功能。

技巧 9 【實作】建立 Python 專案虛擬環境

本技巧將介紹如何在 Python 專案當中，建立 Python 的虛擬環境，讓專案能更順利執行。

我們可以使用 Python 指令的 venv 套件去進行安裝，指令如下：

python -m venv .venv

上述的指令是將特定版本的 Python，透過 venv 去建立一個虛擬環境，虛擬環境的目錄名稱為「.venv」。除了上述作法以外，還可以直接透過 VS Code 操作來建立虛擬環境。

|STEP| **01** 點選上方的搜尋列，如圖 1-53 所示。

▲圖 1-53

|STEP| **02** 選擇「顯示並執行命令」，如圖 1-54 所示。

▲ 圖 1-54

|STEP| **03** 選擇「Python: 選取解譯器」，如圖 1-55 所示。

▲ 圖 1-55

|STEP| **04** 選擇「建立虛擬環境」，如圖 1-56 所示。

▲ 圖 1-56

|STEP| **05** 選擇「Venv」，如圖 1-57 所示。

▲ 圖 1-57

|STEP| **06** 選擇「Python 3.10.4 64-bit」，如圖 1-58 所示。

▲ 圖 1-58

|STEP| **07** 建立完成之後，專案資料夾底下會出現「.venv」的目錄，如圖 1-59 所示。

▲ 圖 1-59

|STEP| **08** 執行 Python 程式後，可看到執行時的 Python 是「.venv」內的 Python 執行路徑，如圖 1-60 所示。

▲ 圖 1-60

技巧 10 【觀念】套件管理介紹

「套件管理」是軟體開發中非常重要的一個方面，它涉及到管理專案所需的外部函式庫，確保專案的執行環境擁有正確的套件，這樣可以確保專案順利執行，同時方便團隊合作和專案部署（指的是將專案上線到正式主機）。

　　Python 常見的套件管理，是使用 pip 進行依賴套件管理。在 Python 開發中，最常用的依賴套件管理工具是 pip，以下是使用 pip 進行依賴套件管理的基本步驟。

　　pip 可以安裝指定的套件，pip 會自動下載並安裝套件及其相關的依賴套件，執行 pip 時要開啟終端機，VS Code 點選「Python: 建立終端機」，則會出現底下的執行畫面，操作如圖 1-61 所示。

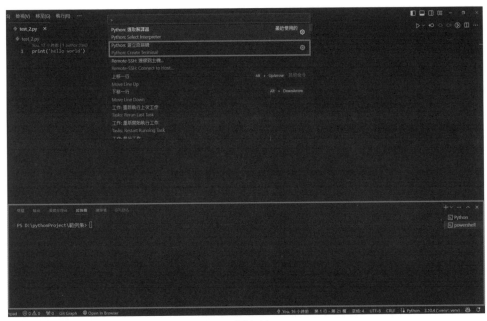

▲ 圖 1-61

　　安裝套件指令如下：

python -m pip install 套件名稱

　　範例執行過程如下：

```
> python -m pip install pandas
Collecting pandas
...
Successfully installed numpy-1.26.4 pandas-2.2.2 python-dateutil-2.9.0.post0 pytz-2024.1 six-1.16.0
tzdata-2024.1
```

更新套件指令如下：

python -m pip install --upgrade 套件名稱

移除套件指令如下：

python -m pip uninstall 套件名稱

顯示套件指令如下：

python -m pip list

```
> python -m pip list
Package          Version
---------------- -----------
numpy            1.26.4
pandas           2.2.2
pip              24.0
python-dateutil  2.9.0.post0
pytz             2024.1
setuptools       58.1.0
six              1.16.0
tzdata           2024.1
```

　　介紹完 pip 的基本操作後，接著我們將管理虛擬環境中的套件集合，為了方便管理和分享虛擬環境中的套件集合，通常會使用 requirements.txt 檔案，大家如果注意到 Python 的 Github 專案，通常都有這個檔案，接著介紹 requirements.txt 檔案是怎麼產生與應用的。

　　在虛擬環境中，執行以下指令來產生 requirements.txt 檔案，指令如下：

pip freeze > requirements.txt

　　你會在目錄底下看到新的檔案，名為「requirements.txt」，內容如下：

```
numpy==1.26.4
pandas==2.2.2
python-dateutil==2.9.0.post0
pytz==2024.1
six==1.16.0
tzdata==2024.1
```

如果今天到一個新的專案環境，需要一鍵安裝 requirements.txt 中的套件，指令如下：

python -m pip install -r requirements.txt

技巧 11 【觀念】程式碼風格介紹

「程式碼風格」（Coding Style）是在軟體開發中非常重要的一個方面，它是指在編寫程式碼時遵循的一組規範和慣例，包括縮排、命名規則、空格使用、註解風格等。遵循統一的程式碼風格，可以使程式碼更易讀、易懂，有助於團隊合作和程式碼的維護。

❖ 常見的程式碼風格規範

程式碼風格規範	說明
縮排風格	使用空格或 Tab 來縮排字元，通常建議使用四個空格作為一個縮排層級。
命名規則	使用有意義的名稱來命名變數、函數、類別等，避免使用單一字元或者過於簡單的名稱，然而遇到較複雜的變數名稱，通常使用駝峰命名法（CamelCase）或者底線命名法（snake_case）來命名變數，這裡需要注意英文大小寫。
空格使用	在運算單元的前後、逗號後方、冒號前後方使用空格，使程式碼更整齊。
註解	使用清楚的註解來解釋程式碼功能、用途等。
程式碼結構	合理組織結構，包括模型、函數、類別等。

為了方便開發者遵循程式碼風格（Coding Style）規範，可以使用 Linting 工具進行程式碼風格規範的檢查。常見的 Linting 工具包括 Black、Flake8、Pylint 等，它們可以自動檢查程式碼中的規範違反情況，並提供建議，通常可以在 VS Code 中配置 Linting 外掛套件，使程式碼提交前自動進行檢查。

技巧 12 【實作】Linting 套件 Black Formatter 介紹

Linting 是一個關鍵的步驟，可以幫助開發者在開發過程中自動檢查程式碼，發現潛在的錯誤和風格問題。常用的 Linting 工具包括 Black、Flake8 和 Pylint 等，它們各自有不同的功能和特點，可以根據專案的需求進行選擇和配置。

Linting 工具有相當多種，每種使用的方法也都稍微不同，本書中將介紹 Black Formatter，這個 Linting 工具可以直接檢查程式碼，將程式碼依照特定規範進行調整。接著，將介紹 VS Code 裡面將如何設定 Black Formatter 這個外掛套件。

|STEP| **01** 安裝 Black Formatter 外掛套件，如 1-62 所示。

▲ 圖 1-62

|STEP| **02** 進入設定中，看到「設定」頁籤，搜尋「Python」，找到文字編輯器裡面的「Editor: Default Formatter」，如圖 1-63 所示。

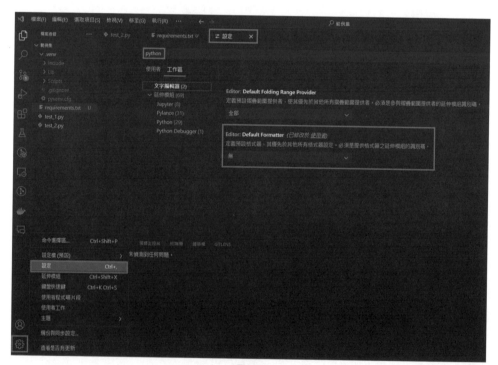

▲ 圖 1-63

|STEP| **03** 選擇「Black Formatter」，如圖 1-64 所示。

▲圖 1-64

|STEP| **04** 搜尋「Format On Save」，並勾選「Edditor:Format On Save」，接著點選右上角「開啟設定」按鈕，如圖 1-65 所示。

▲圖 1-65

|STEP| **05** 專案內部會新增一個 setting.json 檔案，設定檔如圖 1-66 所示。

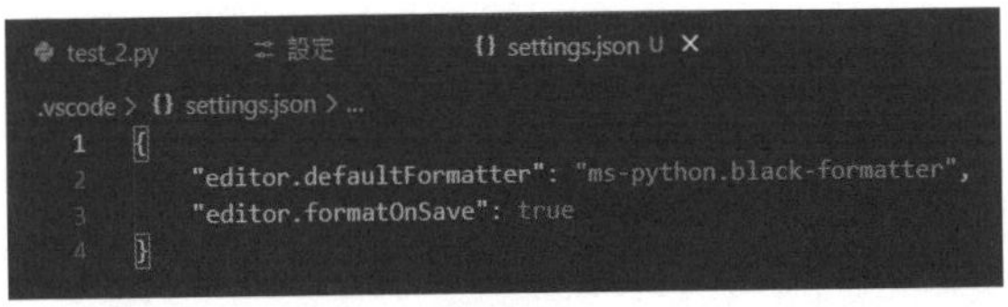

▲圖 1-66

|STEP| **06** 將 test_2.py 儲存後，單引號會改為雙引號，原因是 Black Formatter 自動轉換特定規範，如圖 1-67 所示。

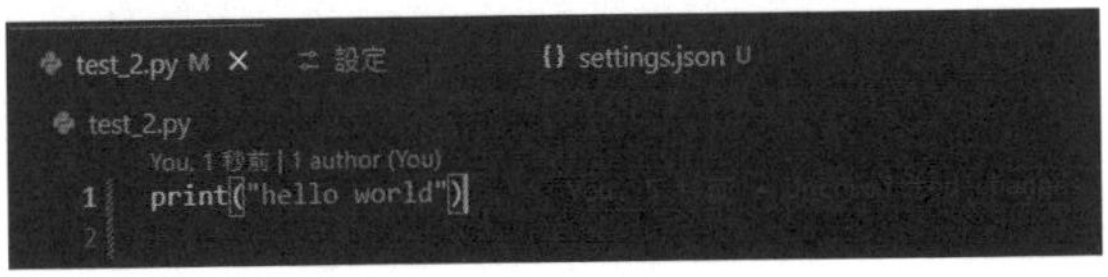

▲圖 1-67

「配置 Linting 工具」是提高程式碼品質和開發效率的一個重要步驟，透過適當的使用，可以幫助開發團隊保持程式碼風格一致，減少潛在錯誤的產生。

> 🚀 **說明** 目前 VS Code 內的 Jupyter Notebook 尚無法使用 Black Formatter 等 Linting 相關工具。

技巧 13 【實作】VS Code Debug 執行功能詳解

Debug 是指在軟體開發過程中，透過檢查程式的執行狀態、變數值、控制流程等，來找出並修正錯誤的過程。本技巧將以實作的方式，來介紹 Debug 執行。

|STEP| **01** 首先需要安裝 Python Debugger，這通常是安裝 Python 外掛時會一起安裝完成，如圖 1-68 所示。

▲ 圖 1-68

|STEP| **02** 安裝完成後，左方會出現「執行與偵錯」的選項，點選「執行與偵錯」後，選擇「建立 launch.json 檔案」選項，如圖 1-69 所示。

▲ 圖 1-69

|STEP| **03** 選擇偵錯工具「Python Debugger」，如圖 1-70 所示。

▲ 圖 1-70

|STEP| **04** 選擇偵錯設定「Python 檔案」,如圖 1-71 所示。

▲圖 1-71

|STEP| **05** VS Code 會產生 launch.json 檔案,這裡可以設定多個 configurations,在開發者用於不同的程式進入點時設定的,如圖 1-72 所示。

```json
{
    // 使用 IntelliSense 以得知可用的屬性。
    // 暫留以檢視現有屬性的描述。
    // 如需詳細資訊,請瀏覽: https://go.microsoft.com/fwlink/?linkid=830387
    "version": "0.2.0",
    "configurations": [
        {
            "name": "Python 偵錯工具: 目前檔案",
            "type": "debugpy",
            "request": "launch",
            "program": "${file}",
            "console": "integratedTerminal"
        }
    ]
}
```

▲圖 1-72

|STEP| **06** 我們再回到「執行與偵錯」選項,點選上方的「執行」按鈕去執行程式,如圖 1-73 所示。

▲圖 1-73

|STEP| **07** 在這樣簡單的範例中，無法體現 Debug 的好處，接著我們將程式碼稍微增加一些，並且點選第二行左方出現一個紅點（設定斷點），在程式的某些行插入斷點，使程式執行到該行時暫停，方便檢查目前的程式狀態，如圖 1-74 所示。

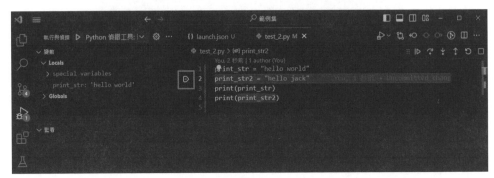

▲ 圖 1-74

|STEP| **08** 我們執行該程式，程式就會在中斷點停留，並顯示目前所有變數的狀態，如圖 1-75 所示。

▲ 圖 1-75

右上方有一排操作按鈕，如圖 1-75 右上方所示，每個按鈕的說明如下：

按鈕	說明
繼續（Continue）	繼續執行直到下一個斷點。
單步跳過（Step Over）	不進入目前函數內。
單步進入（Step Into）	進入函數內部。
單步跳出（Step Out）	返回到呼叫函數的程式碼。
重啟（Restart）	重新啟動程式。
停止（Stop）	停止執行程式。

Python 基礎介紹

Python 發展至今，已經超過以往的熱門程式語言，成為關注度最高的程式語言。Python 強調程式語言的簡潔性、可讀性，對於程式新手相當友善，並且支援相當完整的外部套件，讓使用該語言的開發者可以迅速探索更多領域。本章將介紹 Python 的基本用法，技巧內容都是直接透過 Python 的指令執行環境進行介紹。

技巧 14 【觀念】Python 直譯器安裝介紹

本技巧介紹如何在 Windows 系統上安裝 Python 執行環境，我們會透過 Python 3.10 來進行介紹。為何要安裝 Python 直譯器呢？ Python 直譯器可讓 IDE（上一章節中有詳細介紹）去取用，方便我們在開發時直接執行程式。安裝過程如下：

|STEP| **01** 在網頁瀏覽器搜尋「Python」，進入 Python 官方網站[1]，然後點選「Downloads」按鈕，可下載 Python 最新的版本，如圖 2-1 所示。

▲圖 2-1

|STEP| **02** 下載完安裝檔案後，開啟 Python 安裝執行檔來開始安裝。這裡必須勾選「Add Python 3.10 to PATH」[2]，將 Python 的執行路徑新增到 Windows 的預設程式路徑，以便我們之後可以在 CMD 直接執行 Python 指令，勾選完成後，再選擇「Install Now」，如圖 2-2 所示。

---

*1　Python 官方網站：URL https://www.python.org/。
*2　Add Python 3.10 to PATH：該動作是將 Python 的執行檔路徑，加入 Windows 作業系統中的環境變數 PATH 當中，而執行這個動作，往後執行 Python 指令時，將不用指定完整路徑，就可以執行 Python。

▲ 圖 2-2

|STEP| **03** 安裝過程畫面,如圖 2-3 所示。

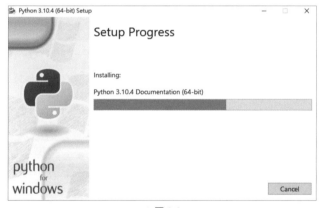

▲ 圖 2-3

|STEP| **04** 完成安裝,點選「Close」按鈕,如圖 2-4 所示。

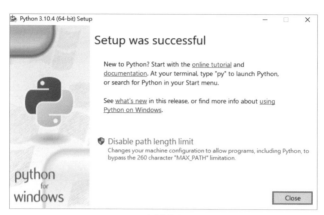

▲圖 2-4

|STEP| **05** 安裝完成後，我們可透過啟動檔案位置的方式，來找到 Python 的預設路徑（C:\Users\
User\AppData\Local\Programs\Python\Python310）。找到 Python 執行檔，並且右
鍵點選「開啟檔案位置」（連續執行兩次即可），如圖 2-5 所示。

▲圖 2-5

|STEP| **06** 找到 Python 的安裝路徑，如圖 2-6 所示。

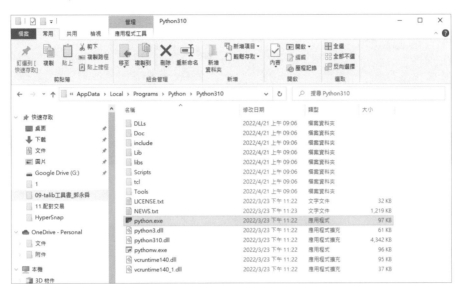

▲圖 2-6

|STEP| **07** 我們啟動 Python 預設的執行程式 IDLE（可以在該程式中執行 Python 語法），從 Windows 程式搜尋「IDLE」，即可找到該程式。啟動 IDLE 執行檔，如圖 2-7 所示。

▲圖 2-7

我們也可以透過另外一種方式呼叫 Python，開啟命令提示字元（CMD）。

|STEP| **01** 透過「py -0」可以查看所有的 Python 版本號（在版本號後方有星號的版本，則為預設執行版本），接著直接輸入「python」指令，則會進入 Python 的提示列，而版本號則為 Python 3.10（版本號可能會有所差異），輸入「exit()」可退出 Python 的執行環境，如圖 2-8 所示。

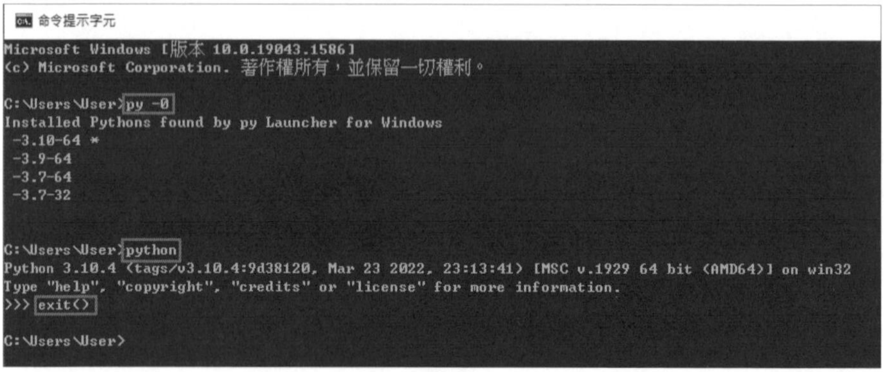

▲圖 2-8

|STEP| **02** 在命令列中輸入「pip -V」指令，可以檢查預設的 pip [*3] 版本是否與預設的 Python 版號相同，若 pip 版號與 Python 版號不同，則可透過「py - 版號 - 位元 -m pip –V」指令去指定特定 Python 版號的方法。

舉例而言，若要指定 Python3.10 64 位元，則可以輸入：

py -3.10-64 -m pip -V

以上指令可以查看 python 3.10 的 pip 版號，操作畫面如圖 2-9 所示。

▲圖 2-9

確認上述操作都沒問題後，就可以回到 IDE 去設定 Python 開發環境。

---

*3　pip：是 Python 用來進行套件管理的指令。

技巧 15 【實作】基本型別介紹

認識 Python 的第一步，就是了解 Python 的基本變數型別，以下依序介紹。

❖ 變數的指定

Python 中，賦予變數值的方法與多數程式語言一樣，要透過「=」來進行賦值，由右方的值令為左方的變數，操作如下：

```
>>> x=10                          將 x 令為 10
>>> y=11                          將 y 令為 11
>>> x                             查看 x 變數
10
>>> y                             查看 y 變數
11
```

❖ 變數的移除

Python 中，移除變數可以透過 del 函數操作，操作如下：

```
>>> y                             刪除變數
11
>>> del(y)                        無此變數，取用時會發生錯誤
>>> y
Traceback (most recent call last):
  File "<stdin>", line 1, in <module>
NameError: name 'y' is not defined
```

❖ 基本型別介紹

Python 基本型別分為四種，依序如下：

- 整數：1、2、3⋯。

- 浮點數：1.0、1.1、1.2⋯。

- 字串：'1'、'2'、'3'⋯。

- 布林值：True、False。

Python 宣告這四種型別，操作如下：

```
>>> a=1                將 a 令為整數 1
>>> a                  宣告 a 顯示內容
1
>>> a=1.0              將 a 令為浮點數 1.0
>>> a                  宣告 a 顯示內容
1.0
>>> a='1'              將 a 令為字串 1
>>> a                  宣告 a 顯示內容
'1'
>>> a=True             將 a 令為 True
>>> a                  宣告 a 顯示內容
True
```

❖ 檢視變數型別

我們可以透過 type 函數去查看變數的型別，操作如下：

```
>>> a=1
>>> type(a)            檢視 a 變數型別
<class 'int'>          integer 整數型別
>>> a=1.5
>>> type(a)            檢視 a 變數型別
<class 'float'>        float 浮點數型別
>>> a='1'
>>> type(a)            檢視 a 變數型別
<class 'str'>          str 字串型別
>>> a=True
>>> type(a)            檢視 a 變數型別
<class 'bool'>         bool 布林值型別
```

❖ 轉換型別

Python 提供了基本的型別轉換函數，除此之外，之後的序列資料也可以透過函數互相轉換型別，操作如下：

```
>>> a=1
>>> float(a)           將整數轉為浮點數
1.0
```

```
>>> str(a) ───────────────────── 將整數轉為字串
'1'
>>> a ───────────────────────── a 變數還是整數，因為我們並沒有將函數
                                  所回傳的值重新令為 a
1
>>> a=str(a) ──────────────────── 將 a 令為字串 a
>>> a ───────────────────────── a 變為字串
'1'
```

技巧16 【實作】基本運算及數學函數介紹

基本運算包含四則運算以及一些基本的數學函數，以下依序介紹。

❖ 四則運算

Python 中提供加、減、乘、除的基本運算，分別為「+」、「-」、「*」、「/」，以下透過簡單的操作來介紹：

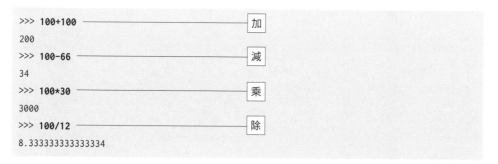

```
>>> 100+100 ──────────────────────── 加
200
>>> 100-66 ───────────────────────── 減
34
>>> 100*30 ───────────────────────── 乘
3000
>>> 100/12 ───────────────────────── 除
8.333333333333334
```

❖ 兩數相除的商數

Python 中，可透過「//」直接取出整數的商，操作如下：

```
>>> 100/12
8.333333333333334
>>> 100//12
8
```

❖ 次方

Python 中，可透過「**」做次方運算，操作如下：

```
>>> 9**8
43046721
>>> 10**2
100
```

❖ 餘數

Python 中，可透過「%」做餘數運算，操作如下：

```
>>> 80%6
2
>>> 80%9
8
```

❖ 運算賦值

Python 繼承了 C 語言的方式，具備運算賦值的功能，可以有效減少程式碼的撰寫。以下將簡單的介紹如何使用，操作如下：

```
>>> a=1
>>> a
1
>>> a+=1 ─────────────────────────────── 等同於 a=a+1
>>> a
2
>>> a-=1 ─────────────────────────────── 等同於 a=a-1
>>> a
1
>>> a*=3 ─────────────────────────────── 等同於 a=a*3
>>> a
3
>>> a/=3 ─────────────────────────────── 等同於 a=a/3
>>> a
1
>>> a=3
>>> a**=3 ────────────────────────────── 等同於 a=a**3
>>> a
27
>>> a
27
```

```
>>> a//=4 ───────────────────────────     等同於 a=a//4
>>> a
6
```

❖ 條件進位

Python 中，沒有預設提供四捨五入的函數，round 是有條件進位，條件為「四捨六入五成雙」，若是進位的數字是偶數，則不進位。我們透過以下操作來介紹：

```
>>> round(1.5) ─────────────────────     進位數為 1，則進位
2
>>> round(2.5) ─────────────────────     進位數為 2，不進位
2
>>> round(1.55465,3) ───────────────     可以加上第二個參數，決定進位的點位
1.555
```

❖ 小於等於的最大整數

Python 中，可透過 floor 函數來取得最小最近的整數，要無條件捨去的話，則應使用 int 函數。要使用 floor 函數，必須先載入 math 套件，取用外部套件會在技巧 27 中介紹，操作如下：

```
>>> import math ────────────────────     載入數學套件
>>> math.floor(1.3542) ─────────────     取得 1.3542 最小最近的整數
1
>>> math.floor(-1.3542) ────────────     取得 -1.3542 最小最近的整數
-2
```

❖ 大於等於的最小整數

Python 中，可透過 ceil 函數取得最小最近的整數，而使用 ceil 函數，必須先載入 math 套件，取用外部套件會在技巧 27 中介紹，操作如下：

```
>>> import math
>>> math.ceil(1.2312) ──────────────     取得較大最近的整數
2
>>> math.ceil(-1.2312) ─────────────     取得較大最近的整數
-1
```

❖ 開根號

Python 中，可透過 sqrt 函數取得開根號值，而使用 sqrt 函數，必須先載入 math 套件，取用外部套件會在技巧 27 中介紹，操作如下：

```
>>> import math
>>> math.sqrt(100)
10.0
>>> math.sqrt(99)
9.9498743710662
```

❖ 絕對值

Python 中，可透過 abs 函數來取得絕對值，操作如下：

```
>>> abs(66)
66
>>> abs(-66)
66
```

❖ 最大值、最小值

Python 中，可透過 max、min 函數來取得最大值、最小值，這兩個函數可以填入不定長度的參數，也就是無論有 20 個參數或 200 個參數，都可以一次帶入函數內，操作如下：

```
>>> max(1,2,3,4,5,6,7,8,9)
9
>>> min(1,2,3,4,5,6,7,8,9)
1
```

技巧 17 【實作】字串處理介紹

Python 針對字串變數本身，提供了非常多的預設功能，透過字串的基本處理，可以解決非常多的問題，以下將針對常見的功能進行介紹。

❖ 查看字串長度

Python 中，可透過 len 函數來查詢變數長度，除此之外，len 還支援其他變數型別的查詢，操作如下：

```
>>> str_test='my name is jack'
>>> len(str_test)
15
```

❖ 多字串合併

Python 中，可透過 join 函數來組合不同的字串，操作如下：

```
>>> gap=',!,'  ──────────────── 定義組合字串的空隙字串
>>> a=['1','2','3']
>>> gap.join(a)  ──────────────── 組合 a 變數當中的字串
'1,!,2,!,3'
```

❖ 將特定字元從字串字首字尾中移除

Python 中，可透過以下函數將特定字元從字首字尾中移除。

函數	說明
Lstrip	將特定字元從字首中移除。
rstrip	將特定字元從字尾中移除。
strip	將特定字元從字首字尾中移除。

操作如下：

```
>>> a='aaahuehrwqeaaa'
>>> a.strip('a')
'huehrwqe'
>>> a.lstrip('a')
'huehrwqeaaa'
>>> a.rstrip('a')
'aaahuehrwqe'
```

❖ 將任何英文字母轉換大小寫

Python 中，可透過 swapcase 函數將大小寫互換，lower、upper 函數則可將大小寫互換，操作如下：

```
>>> b='asdwEWFEWFweqw'
>>> b.swapcase()
'ASDWewfewfWEQW'
```

```
>>> b.lower()
'asdwewfewfweqw'
>>> b.upper()
'ASDWEWFEWFWEQW'
```

❖ 將字串透過 0 填滿至特定寬度

Python 中，可透過 zfill 函數來將特定的字串前方補 0，操作如下：

```
>>> t='84500'
>>> t.zfill(6)
'084500'
```

❖ 字串中特定字元取代

Python 中，可透過 replace 函數來將字串的分割符號取代，操作如下：

```
>>> a='2011/06/03'
>>> a.replace('/','')
'20110603'
```

❖ 字串依照特定符號進行分割

Python 中，可透過 split 函數來切割字串，並轉成序列型別，操作如下：

```
>>> a='2011/06/03'
>>> a.split('/')
['2011', '06', '03']
```

技巧 18 【實作】序列型別介紹

在 Python 中，除了基本的型別以外，還有預設的序列型別，Python 中並沒有預設矩陣（matrix）、向量（array）這種物件型別，但是有 tuple、list 與 dictionary 這三種序列物件，其中 tuple 與 list 很相似，都是用來儲存資料的序列，唯一不同之處就是 tuple 在定義完成後，並不被允許更動內部值，而 list 可以更改內部值；dictionary 為有索引值的型別。

以下分別介紹不同序列的應用：

❖ tuple

1. tuple 定義、取值

　　tuple 是透過小括號定義的物件，定義後無法改變內部值，需要透過索引來進行取值，索引值由 0 開始，取值的方法是透過中括號包住索引值來取得。以下顯示操作範例：

```
>>> a=(1,2,3,4)
>>> a[1]
2
>>> a[0]
1
>>> a[0]=100
Traceback (most recent call last):
  File "<stdin>", line 1, in <module>
TypeError: 'tuple' object does not support item assignment
>>> a=(1,2,3,4)
>>> a[1:]
(2, 3, 4)
>>> a[:2]
(1, 2)
>>> a[1:2]
(2,)
>>> a[::2]
(1, 3)
```

2. tuple 組合、倍數化

　　tuple 本身也支援四則運算的運算元，這裡所指的 tuple 運算是將 tuple 組合、倍數化，操作如下：

```
>>> a=(1,2,3,4,5)
>>> b=(2,3,4,5,6)
>>> a+b
(1, 2, 3, 4, 5, 2, 3, 4, 5, 6)
>>> a*2
(1, 2, 3, 4, 5, 1, 2, 3, 4, 5)
```

3. tuple 判斷應用

　　Python 中提供 in 關鍵字，in 可以用來判斷特定值是否有在序列當中。tuple 搭配 in 的操作如下：

```
>>> a=(1,2,3,4,5)
>>> 1 in a
True
>>> 6 in a
False
```

4. 迴圈應用

Python 可透過 for 迴圈來依序執行 tuple 物件內的值，操作如下：

```
>>> a=(1,2,3,4,5)
>>> for i in a:
...    print(i)
...
1
2
3
4
5
```

❖ list

1. list 定義、取值

list 是用中括號來定義的物件，操作如下：

```
>>> a=[1,2,3,4,5]
>>> a[0]
1
>>> a[1]
2
>>> a[0]=100
>>> a
[100, 2, 3, 4, 5]
>>> a[1:3]
[2, 3]
>>> a[1:4]
[2, 3, 4]
>>> a[1:]
[2, 3, 4, 5]
>>> a[:4]
```

```
[1, 2, 3, 4]
>>> a[::2]
[1, 3, 5]
```

　　list 並沒有針對值的儲存方式有限制，透過以下操作介紹：

```
>>> a=[100,[1,2,3,5],[123]]
>>> a
[100, [1, 2, 3, 5], [123]]
```

2. list 組合、倍數化

　　list 本身也支援四則運算的運算元，這裡所指的 list 運算是將 list 組合、倍數化，操作如下：

```
>>> a=[1,2,3,4,5]
>>> b=[3,4,5,6,7]
>>> a+b
[1, 2, 3, 4, 5, 3, 4, 5, 6, 7]
>>> a*3
[1, 2, 3, 4, 5, 1, 2, 3, 4, 5, 1, 2, 3, 4, 5]
```

3. list 函數應用

　　由於 list 相較於 tuple 來說，是可以被更動內部值的，所以有較多的函數可以使用，以下逐一進行介紹。

　　list 的 append 函數可將額外的值加進 list 中，操作如下：

```
>>> a
[1, 2, 3, 4, 5]
>>> a.append(6)
>>> a
[1, 2, 3, 4, 5, 6]
```

　　list 的 extend 函數可將兩個串列合併起來，操作如下：

```
>>> a
[1, 2, 3, 4, 5, 6]
>>>
```

```
>>> a.extend([7,8])
>>> a
[1, 2, 3, 4, 5, 6, 7, 8]
```

list 的 reverse 函數可用來翻轉整個 list，操作如下：

```
>>> a
[1, 2, 3, 4, 5, 6, 7, 8]
>>> a.reverse()
>>> a
[8, 7, 6, 5, 4, 3, 2, 1]
```

list 的 sort 函數可將 list 內的值進行排序，操作如下：

```
>>> a
[8, 7, 6, 5, 4, 3, 2, 1]
>>> a.sort()
>>> a
[1, 2, 3, 4, 5, 6, 7, 8]
```

list 的 count 函數可計算特定值在該序列中有幾個，操作如下：

```
>>> a=[1,2,3,4,3,2,3,3,3,3]
>>> a.count(1)
1
>>> a.count(3)
6
```

list 的 index 函數可得知特定值在 list 的哪個 index 當中，操作如下：

```
>>> a=[1,2,3,4,3,2,3,3,3,3]
>>> a.index(3)
2
>>> a.index(2)
1
>>> a.index(1)
0
```

list 的 remove 函數可以刪除特定值，操作如下：

```
>>> a
[1, 2, 3, 4, 3, 2, 3, 3, 3, 3]
>>> a.remove(3)
>>> a
[1, 2, 4, 3, 2, 3, 3, 3, 3]
```

4. list 判斷應用

Python 中提供 in 關鍵字，in 可以用來判斷特定值是否有在序列當中。list 搭配 in 的操作如下：

```
>>> a=[1,2,3,4,5]
>>> 1 in a
True
>>> 6 in a
False
```

5. list 迴圈應用

Python 中，可透過 for 迴圈來依序執行 tuple 物件內的值，操作如下：

```
>>> a=[1,2,3,4,5]
>>> for i in a:
...     print(i)
...
1
2
3
4
5
```

❖ dictionary

1. dictionary 定義、取值

dictionary 是用大括號來定義的物件，是一個 key-value 的架構，一個 key 對應到特定的值，以下顯示操作範例：

```
>>> a={'apple':20,'banana':40}
>>> a
{'apple': 20, 'banana': 40}
```

2. dictionary 函數應用

dictionary 中，可透過 len 函數來查看該變數的 key 總共有幾個，操作如下：

```
>>> a={'apple':20,'banana':40}
>>> a
{'apple': 20, 'banana': 40}
>>> len(a)
2
```

dictionary 中，可透過 copy 函數來複製出相同物件，避免繼承的屬性導致變數間互相影響，操作如下：

```
>>> b=a.copy()
>>> b
{'apple': 20, 'banana': 40}
>>> b['apple']=30
>>> b
{'apple': 30, 'banana': 40}
>>> a
{'apple': 20, 'banana': 40}
```

dictionary 中，可透過 clear 函數來清空該物件內的值，操作如下：

```
>>> b
{'apple': 30, 'banana': 40}
>>> b.clear()
>>> b
{}
```

dictionary 中，可透過 keys、values 函數來取出物件內的所有 key、value。

```
>>> a
{'apple': 20, 'banana': 40}
>>> a.keys()
dict_keys(['apple', 'banana'])
>>> a.values()
dict_values([20, 40])
```

3. dictionary 迴圈應用

　　若要透過 for 迴圈直接執行 dictionary 物件，可透過 items 函數來將 dictionary 轉換為 list 物件後，再執行迴圈。

```
>>> a
{'apple': 20, 'banana': 40}
>>> a.items()
dict_items([('apple', 20), ('banana', 40)])
>>> for k,v in a.items():
...   print(k,v)
...
apple 20
banana 40
```

技巧 19 【實作】判斷式結構介紹

　　程式語言的判斷式分為「邏輯判斷式」、「條件判斷式」，簡單來說，「邏輯判斷式」就是產生出一個布林值（True、False），以下分別介紹這兩者。

❖ 邏輯判斷式

　　Python 的基本邏輯判斷式有：

基本邏輯判斷式	說明
>、>=	大於、大於等於。
<、<=	小於、小於等於。
=、!=	等於、不等於。
in	在。

　　如果有多個邏輯判斷式，則可透過以下兩個合併邏輯判斷式進行組合：

合併邏輯判斷式	說明
and	並且。
or	或者。

　　以下分別介紹每種邏輯判斷式：

1. 大於、大於等於

```
>>> a=200
>>> a>210
False
>>> a>=100
True
```

2. 小於、小於等於

```
>>> b=300
>>> b<200
False
>>> b<=400
True
```

3. 等於、不等於

```
>>> a=300
>>> b=250
>>> a==b
False
>>> a!=b
True
```

4. 並且（and）、或者（or）

```
>>> a
100
>>> b
90
>>> a==100 and b==100
False
>>> a==100 and b==90
True
>>> a==100 or b!=100
True
```

❖ 條件判斷式

「條件判斷式」是透過特定的布林值來決定要執行哪些區塊的程式碼。條件判斷式的關鍵字如下：

關鍵字	說明
if	如果。
else	除此之外。
elif	又如果（第二個條件以上）。

在 Python 中，條件判斷式需要透過縮排來定義運算式，也就是判斷後要執行的程式碼，語法如下：

```
if 判斷式:
        運算式
elif 判斷式 2:  ──────────  如果沒有多判斷式可省略
        運算式  ──────────  如果沒有多判斷式可省略
else:  ──────────  如果除此之外要執行的部分可省略
        運算式  ──────────  如果除此之外要執行的部分可省略
```

單獨一個判斷式，操作如下：

```
>>> a=100
>>> if a > 100:  ──────────  判斷式 1
...     print('a>100')
... else:  ──────────  除此之外
...     print('a<=100')
...
a<=100
>>>
```

兩個判斷式以上，操作如下：

```
>>> b='下雨'
>>> if b=='晴天':
...     print('今天不用帶傘')
... elif b=='下雨':
...     print('今天要帶傘')
... else:
...     print('天氣不明')
```

```
...
今天要帶傘
>>>
```

技巧 20 【實作】迴圈式結構介紹

在 Python 中，迴圈分為 for 迴圈及 while 迴圈，用法也不同。「for 迴圈」是將特定集合依序執行的迴圈，「while 迴圈」是透過條件判斷式決定是否依序執行的語法，以下將分別介紹。

❖ for 迴圈

for 迴圈控制結構中，透過縮排來定義運算式的區塊，基本語法如下：

```
for 迴圈變數 in 向量：
        運算式
```

上述基本語法中的迴圈變數是迴圈專屬的變數，會透過迴圈的循環來改變值，當迴圈結束後，該變數會續存在 Python 環境當中，迴圈內所制定的運算式將依照每個開發者的需求自訂，接下來我們透過簡單的範例來了解 for 迴圈的運作。

可以透過 list、tuple 序列來作為基礎進行迴圈。以下介紹如何定義序列，並透過迴圈依序將值顯示出來：

```
>>> a=[1,2,3,4,5,6,7]
>>> for i in a:
...     print(i)
...
1
2
3
4
5
6
7
```

以上範例介紹 for 迴圈中的循環變數的變化。以下介紹透過迴圈的運算式進行運算的操作，若我們要將序列內的數值依序加總，操作如下：

```
>>> a
[1, 2, 3, 4, 5, 6, 7]
>>> n=0
>>> for i in a:
...     n+=i
...
>>> a
[1, 2, 3, 4, 5, 6, 7]
```

❖ while 迴圈

在 Python 中，while 迴圈的基本語法很簡單，就是制定一個判斷原則（邏輯表達式），遵循這個原則來循環迴圈，但也因爲這個因素，如果條件式沒有設定好，就有可能變成無窮迴圈，也就是無法跳離迴圈，導致迴圈不斷執行的情況。

while 迴圈控制結構中，基本的語法爲：

```
while 判斷式：
    運算式
```

首先，與 for 一樣寫出一個簡單的迴圈，從 1 執行到 10，了解 while 迴圈的架構。

```
>>> a=1
>>> while a<=10:
...     print(a)
...     a+=1
...
1
2
3
4
5
6
7
8
9
10
>>>
```

「無限迴圈」就是條件式結果永遠爲 True，則迴圈無法停止。以下是無限迴圈的簡單作法：

```
>>> a=0
>>> while True:
...     print(a)
...     a+=1
...
0
1
2
3
4
5
6
......
......
```

了解到 while 迴圈循環的概念後，我們就可以透過四則運算去設計一個簡單的有限迴圈。只要符合判斷式，while 就會一直重複執行運算式，直到不符合爲止，接著我們設計一個計算 1 加到 10 的 while 迴圈，操作如下：

```
>>> a=1
>>> b=0
>>> while a<= 10:
...     b+=a
...     a+=1
...
>>> b
55
```

❖ 跳出迴圈

在 Python 中，若要強制跳出迴圈，可以使用 break 語法，使用的時機點可透過條件判斷式來決定。break 操作的方法如下：

```
>>> a=0
>>> while a<10:
...     a+=1
```

```
...      if a==5 :
...              break
...      print(a)
...
1
2
3
4
```

❖ 跳出特定迴圈

在 Python 中，若要強制跳出該迴圈，可以使用 continue 語法，使用的時機點可以透過條件判斷式來決定。Continue 操作的方法如下：

```
>>> a=[1,2,3,4,5,6]
>>> for i in a:
...      print(i)
...      if i == 3:
...          continue
...
1
2
3
4
5
6
>>>
```

❖ 不執行任何動作

Python 提供了一個 pass 指令，該關鍵字不會執行任何功能，若需要不執行該功能，卻又需要運算式的內容時，可以採用該指令。

技巧 21 【實作】序列推導式的延伸應用

「序列推導式」的英文名稱為「list（tuple） comprehension」，是 Python 中對於序列型別的獨特用法。

序列推導式是序列與迴圈、判斷式的結合應用，關於迴圈及條件判斷句的詳細介紹，可以參考本章的前兩個技巧，使用序列推導式的語法如下：

[運算式 for 迴圈變數 in 指定的序列]

序列推導式可以透過減短的程式碼，直接將迴圈變數進行計算後，存進新的序列當中，以下透過操作來介紹。

我們先針對特定的序列，將裡面的值全部 +1，並成為一個新的變數，操作如下：

```
>>> a=[1,2,3,4,5]
>>> [ i+1 for i in a ] ──────────── 將所有集合內的元素 +1
[2, 3, 4, 5, 6]
```

另外，序列推導式除了運算以外，還可加上條件判斷式，如下所示：

[運算式 for 迴圈變數 in 指定的序列 if 特定條件]

我們可以將條件式放在最後面，乍看之下，有點像資料庫的 Query 指令，而我們將特定值進行計算後變成序列的方式，操作如下：

```
> >>> a
[1, 2, 3, 4, 5]
>>> [ i+1 for i in a if i>=3 ]
[4, 5, 6]
```

序列推導式最常被使用到的部分就是拆解資料，如果我們希望從二維的序列中取出特定欄位順序的內容，則可以透過序列推導式。

若我們要從一維的陣列變成二維的陣列，再將二維陣列變回一維，讀者只需要弄清楚該迴圈的迴圈變數是什麼，就能夠輕鬆駕馭了，操作如下：

```
>>> a
[1, 2, 3, 4, 5]
>>> b=[[i,i+10] for i in a ]
>>> b
[[1, 11], [2, 12], [3, 13], [4, 14], [5, 15]]
>>> [ i[1] for i in b ]
[11, 12, 13, 14, 15]
>>>
```

序列推導式經常使用在讀取檔案、進行資料篩選時，讀取檔案也可以透過以下的方式：

[運算式 for 迴圈變數 in open(指定檔案)]

技巧 22 【實作】建立函數的方法

在撰寫 Python 程式時，為了方便管理程式碼，我們會將高頻率被使用的程式碼寫為函數。舉例而言，我們需要特定資料，這個功能的程式碼約 20 行，我們可以把它寫成函數，之後若需要調整取得資料的程式碼，我們就只需要針對函數修改，而不用針對每個程式檔案內的程式碼一一修改，可方便統一管理；另一方面，也可以節省程式碼的篇幅，讓我們對自己的程式檔賞心悅目。

函數在任何語言中，目的都是轉換輸入與結果，能將輸入值透過函數轉換為輸出值。在 Python 中，自訂函數語法如下：

```
def 函數名稱 ( 輸入值 ):
    # 縮排
    ...
    ...
    ...
    return 輸出值
```

 說明 要記得，Python 若有定義到區塊的程式碼，Python 是透過縮排來定義。

函數中的輸入值與輸出值並非必要。舉例而言，我們進入 Python 的環境後，定義一個函數如下：

```
>>> def myfun1():
...   print('Hello')
...
>>>
>>> myfun1()
Hello
```

myfun1 函數並不需要輸入值，只要我們呼叫它（輸入「myfun1()」），就會執行這個函數（輸出 Hello），如下所示：

```
>>> myfun1()
Hello
```

接著，我們定義一個基本的計算回傳函數，當我們輸入 x 至 y 時，能夠幫我們計算 x 與 y 的和：

```
>>> def myfun2(x,y):
...   return x+y
...
```

當我們呼叫 myfun2，並給定兩個正整數，就會執行這個函數，如下所示：

```
>>> myfun2(100,45)
145
```

技巧 23 【實作】建立類別的方法

本技巧將介紹 Python 除了函數以外可以自訂的型別，就是 class（中文是類別），Python 套件模組是透過定義 function 和 class 來組成，也就代表組成套件的最低單位爲 function、class，class 是一個類別，讀者也可以把它當作是一個模型。

舉例而言，我們是一間自動化工廠，要做一個圓形的蛋糕，我們需要圓形蛋糕的模型，class 就像是這個圓形蛋糕的模型，只要有這個模型，我們就可以大量生產蛋糕。

定義模型主要有兩個部分，第一個是模型的屬性，第二個是模型的方法。現在我們要定義動物的模型，我們先定義該模型的名稱、年齡、體重，範例程式碼如下：

```
class animal():
    def __init__(self,name,age,weight):
        self.Name=name
        self.Age=age
        self.Weight=weight
```

接下來介紹上列的程式碼，第一行「class animal():」是定義 class，class 名稱爲「animal」。

　　第二行我們可以看到「def __init__(self,name,age):」,「def __init__(self,name,age)」代表宣告該類別的初始化屬性,該函數會在類別被宣告時執行一次,通常我們拿來進行類別的基本變數定義,而__init__區塊內的三個變數「name」、「age」、「weight」,代表初始化要設定的屬性。

　　初始化的變數,我們會在宣告該類別時當作參數帶入,接著我們執行剛剛所定義的類別,然後宣告該類別,宣告時會帶入三種屬性「name」、「age」、「weight」,執行如下:

```
>>> class animal():
...     def __init__(self,name,age,weight):
...         self.Name=name
...         self.Age=age
...         self.Weight=weight
...
>>>
>>> jack=animal('pig',30,90)
>>> jack
<__main__.animal object at 0x00000249B1C143A0>
```

　　宣告完成後,我們就可以直接呼叫該類別的屬性「name」、「age」、「weight」,操作如下:

```
>>> jack.Age
30
>>> jack.Weight
90
```

　　第一階段完成,接著我們可以針對這個類別去做定義的延伸,我們會在該類別底下定義專屬的 function,這裡我們統一稱為該類別的「方法」,這種方法必須要透過特定的方式執行,並不是一般的 function,有點像針對該類別去制定特定的功能,執行方法的語法如下:

類別名稱.方法名稱()

　　舉例而言,我們為 animal 類別制定吃的動作,吃的時候會增加體重 Weight,程式碼如下:

```
class animal():
    def __init__(self,name,age,weight):
        self.Name=name
        self.Age=age
        self.Weight=weight
    def Eat(self,eat_n):
        self.Weight+=eat_n
```

上述的程式碼中，新增一個 Eat 函數，這個函數會增加該類別當中的 Weight 屬性，接著我們操作該類別，操作如下：

```
>>> class animal():
...     def __init__(self,name,age,weight):
...         self.Name=name
...         self.Age=age
...         self.Weight=weight
...     def Eat(self,eat_n):
...         self.Weight+=eat_n
...
>>> jack=animal('pig',30,90)
>>> jack.Eat(20)
>>> jack.Weight
110
```

技巧 24 【實作】建立函式庫並取用

本技巧將介紹如何建立屬於自己的常用函式庫。舉例而言，我們有常用的五個函數、兩個類別，我們可以將這些東西寫進我們的函式庫，並且撰寫新程式後，只需要載入該函式庫即可取用，也就是一般外部套件的取用方法。

我們可透過撰寫 .py 檔來建立函式庫，寫完之後，只要確保程式的工作路徑是在函式庫的檔案位置，就可以載入取用了。以下介紹如何在函式庫中建立函數：

▌檔名：function.py

```
def add100(x):
    return x+100
```

載入並執行，過程如下：

```
>>> import function
>>> function.add100(100)
200
>>>
```

技巧 25 【實作】檔案應用處理

本技巧將介紹 Python 對文字檔案的控制，針對檔案的控制可分為「啟動」、「關閉」、「寫入」、「讀取」，另外 Python 也有提供逐行讀取的函數，以下將分別介紹這些功能。

❖ 取用檔案

Python 中，open 函數可以直接啟動檔案，並可選擇啟動的權限，權限分為「w」、「r」、「a」，分別是寫、讀、附加。

open 函數的操作介紹如下：

```
>>> f=open('a.txt','w+')
>>> f.name ———————————————  取用後，查詢檔案名稱
'a.txt'
>>> f.closed ——————————————  取用後，查詢是否關閉取用
False
>>> f.mode ———————————————  取用後，查詢對檔案的權限
'w+'
```

也可以透過 open 函數搭配序列推導式，直接將檔案內容存進 list 當中，操作如下：

```
>>> [ i for i in open('a.txt')]
['123456789']
```

❖ 關閉取用檔案

Python 提供 close 函數，可以針對啟動的文字檔進行關閉，關閉之後則無法對文字檔做後續的動作，操作如下：

```
>>> f.name
'a.txt'
>>> f.closed
False
```

```
>>> f.close()
>>> f.name
'a.txt'
>>> f.closed ──────────────
True
```

關閉檔案後，查詢是否關閉，
如果成立則回傳「是」

❖ 寫入檔案

Python 提供 write 函數，可以將字串寫入文字檔案，操作如下：

```
>>> file= open('123.txt','w+')
>>> file.write("123456789/n")
>>> file.close()
```

❖ 讀取檔案

Python 提供 read 函數，可直接對檔案進行讀取，操作如下：

```
>>> file= open('a.txt','r')
>>> file.read()
'123456789/n'
>>> file.close()
```

❖ 讀取檔案行數

Python 提供 readline、readlines 函數，可以讀取檔案的首行及所有行的資料。範例讀取的檔案如下：

▌檔名：text.txt

```
12312312312
12312312323
12312312312
12321321312
12312334343
12334354534
```

操作如下：

```
>>> open('text.txt').readline()
'12312312312\n'
```

```
>>> open('text.txt').readlines()
['12312312312\n', '12312312323\n', '12312312312\n', '12321321312\n', '12312334343\n',
'12334354534']
```

技巧 26 【實作】Python 異常處理的應用

本技巧將介紹如何進行程式碼異常判斷處理，通常在牽扯到網際網路的時候，我們的程式碼就可能會產生例外狀況。舉例而言，我們撰寫網頁爬蟲，雖然程式碼都經過調整，但是此時網頁伺服器還是有可能因為特殊情形，而導致出現沒有考慮過的情況。

發生意外狀況時，我們可以使用 Python 的異常處理語法來避免程式終止。異常處理的指令分為三種關鍵字，以下分別介紹：

關鍵字	說明
try	try 關鍵字的區塊，我們要放上有可能會產生例外錯誤的程式碼，Python 直譯器會預先執行測試，來檢查是否有例外錯誤，如果有發生例外錯誤，則會執行 except 關鍵字的區塊。
except	except 關鍵字的區塊是用來執行 try 發生例外狀況的備援方案。
finally	finally 關鍵字的區塊是只要有建立 try、except 就會執行的區塊。

舉例而言，當一個字串對數值進行加總，這時會產生型別錯誤，而這種情況通常 Python 會跳出錯誤訊息，操作如下：

```
>>> print('1'+1)
Traceback (most recent call last):
  File "<stdin>", line 1, in <module>
TypeError: can only concatenate str (not "int") to str
```

接著，我們透過 try 及 except 區塊來定義異常處理。我們針對這個錯誤的程式碼加上 try、except，操作如下：

```
>>> try:
...     print('1'+1)
... except:
...     print(1+1)
...
2
```

透過上述操作，我們可以看到結果顯示為 2，也就是 Python 自動執行了 except 的區塊。

　　except 除了執行備援方案外，也可提出錯誤提示，語法爲「except Exception as e」，該語法的意思是將例外狀況的原因別名爲變數 e，接著我們可以在區塊內將 e 顯示出來，操作過程如下：

```
>>> try:
...     print('1'+1)
... except Exception as e:
...     print(e)
...
can only concatenate str (not "int") to str
```

技巧 27 【實作】使用 Python 的外掛套件

　　Python 的其中一大優勢就是擁有廣泛的套件資源，而套件又分爲 Python 預設安裝的以及需要額外安裝的。舉例而言，math 套件是 Python 在安裝完成後就可以使用，而 pandas 套件則不是，需要額外進行安裝。

　　本技巧將介紹如何安裝套件、使用套件。首先介紹如何使用外部套件，我們在 Python 命令列輸入「import pandas」指令，如果是第一次接觸該套件的讀者，會出現以下錯誤，操作如下：

```
>>> import pandas
Traceback (most recent call last):
  File "<stdin>", line 1, in <module>
ModuleNotFoundError: No module named 'pandas'
```

　　接著，我們在 Python 裡面輸入「quit()」，進入 Windows CMD 介面：

```
>>> quit()

C:\Users\User>
```

　　進入後，我們輸入「pip」：

```
C:\Users\User>pip

Usage:
```

```
pip <command> [options]

Commands:
  install               Install packages.
  download              Download packages.
  uninstall             Uninstall packages.
  freeze                Output installed packages in requirements format.
  list                  List installed packages.
  show                  Show information about installed packages.
...
```

我們可以透過「pip -V」，來檢查 pip 版本是否與現用的 Python 版本相符。

接著，我們輸入「pip install pandas」來安裝套件，操作如下：

```
C:\Users\User>pip install pandas
Collecting pandas
  Downloading pandas-1.4.2-cp310-cp310-win_amd64.whl (10.6 MB)
     ------------------------------------ 10.6/10.6 MB 2.4 MB/s eta 0:00:00
Collecting numpy>=1.21.0
  Downloading numpy-1.22.3-cp310-cp310-win_amd64.whl (14.7 MB)
     ------------------------------------ 14.7/14.7 MB 2.1 MB/s eta 0:00:00
Collecting python-dateutil>=2.8.1
  Using cached python_dateutil-2.8.2-py2.py3-none-any.whl (247 kB)
Collecting pytz>=2020.1
  Downloading pytz-2022.1-py2.py3-none-any.whl (503 kB)
     ------------------------------------ 503.5/503.5 KB 2.1 MB/s eta 0:00:00
Collecting six>=1.5
  Using cached six-1.16.0-py2.py3-none-any.whl (11 kB)
Installing collected packages: pytz, six, numpy, python-dateutil, pandas
Successfully installed numpy-1.22.3 pandas-1.4.2 python-dateutil-2.8.2 pytz-2022.1 six-
1.16.0
```

只要看到最後有產生「Successfully installed …」，就代表正確安裝。我們重新進入 Python 命令列，並執行「import pandas」，如果沒有跳出錯誤訊息，則代表正確載入套件，操作過程如下：

```
C:\Users\User>python
Python 3.10.4 (tags/v3.10.4:9d38120, Mar 23 2022, 23:13:41) [MSC v.1929 64 bit (AMD64)] on
win32
```

```
Type "help", "copyright", "credits" or "license" for more information.
>>> import pandas
>>>
```

技巧28 【實作】時間套件的應用觀念

在 Python 中，datetime 是常用的時間套件，可以方便我們快速處理時間的資料格式，並且 datetime 套件已經支援到百萬分之一秒，為目前許多高頻資料的時間格式，這也是為什麼本書會採用 datetime 套件來進行介紹的原因。

❖ 字串轉時間

time 套件所支援的最小時間單位至秒，而 datetime 可以支援到微秒的單位。以下進行 datetime.strptime 函數的操作介紹：

```
>>> import datetime
>>> a=datetime.datetime.strptime("13:45:00.430000","%H:%M:%S.%f")
>>> b=datetime.datetime.strptime("13:45:00.530000","%H:%M:%S.%f")
>>> a
datetime.datetime(1900, 1, 1, 13, 45, 0, 430000)
>>> b
datetime.datetime(1900, 1, 1, 13, 45, 0, 530000)
```

datetime 時間格式可以進行時間大小的判斷，若字串轉換時沒有填入日期，該套件會統一由 1900/1/1 來預設填值，以下進行時間判斷，操作如下：

```
>>> a
datetime.datetime(1900, 1, 1, 13, 45, 0, 430000)
>>> b
datetime.datetime(1900, 1, 1, 13, 45, 0, 530000)
>>> a>b
False
>>> b>a
True
```

以上是相差 0.1 秒的時間判斷。

❖ 時間轉字串

延續上一個部分，我們將時間格式的值拿來轉爲字串，我們需要透過 strftime 函數進行轉換，該函數僅適用於 datetime 資料型別，參數爲時間的表達式，表達式如下：

參數	說明
%Y	年。
%m	月。
%d	日。
%H	時。
%M	分。
%S	秒。
%f	微秒。

接著，將時間轉爲字串，操作如下：

```
>>> a
datetime.datetime(1900, 1, 1, 13, 45, 0, 430000)
>>> a.strftime('%Y%m%d %H%M%S')
'19000101 134500'
>>> a.strftime('%Y/%m/%d %H:%M:%S.%f')
'1900/01/01 13:45:00.430000'
```

❖ 時間計算

進行 datetime 時間格式的計算，我們需要透過 timedelta 來進行計算，timedelta 的預設參數依序爲「日」、「秒」，以下是 timedelta 函數的操作介紹：

```
>>> import datetime
>>> a=datetime.datetime.strptime("13:45:00.430000","%H:%M:%S.%f")
>>> a+datetime.timedelta(0,1)
datetime.datetime(1900, 1, 1, 13, 45, 1, 430000)
>>> a-datetime.timedelta(0,1)
datetime.datetime(1900, 1, 1, 13, 44, 59, 430000)
>>>
```

> 🚀 **說明** 必須要 datetime 格式，才能進行 timedelta 函數計算。

03

Python Pandas 套件介紹

本章介紹 Python 的 Pandas 套件，包括 Pandas 資料型別的基本應用、資料清洗、檔案處理、資料合併、資料視覺化、群組化處理以及時間序列資料處理。Pandas 是 Python 中一個非常重要的資料處理套件，它提供豐富的功能和工具，可以幫助我們更輕鬆進行資料處理和分析。本章將介紹 Python 的 Pandas 用法，技巧內容都是透過 Python 的指令執行環境進行介紹。

技巧 29 【實作】Pandas 資料型別基本應用

❖ Pandas DataFrame 及 Series 介紹

由於本書的資料分析會使用到 Pandas DataFrame 資料型別，所以本技巧會介紹 Pandas 套件內的 DataFrame 應用。

DataFrame 是 Pandas 中最重要的資料型別之一，該型態類似於一個二維的表格，有點像 Excel，可以將不同類型的資料存儲在其中，包括整數、浮點數、文字、日期等。DataFrame 可以進行資料選擇、篩選、分組、排序、合併等操作，是進行資料分析和處理的重要工具。

Series 是 Pandas 中另一個常用的資料型別，類似於一個一維的陣列或串列，但是 Series 具有類似於字典的結構，其中每個元素都有一個對應的索引值。Series 可以存儲不同類型的資料，並支援資料選擇、篩選、排序、統計等操作。

❖ 定義新 DataFrame 及查看型別屬性

定義新的 DataFrame，可以透過 Python 的 Dictionary 格式來進行轉換，由於 Dictionary 也是屬於 Key-Value 的型別，所以與 DataFrame 相似，但是 DataFrame 又有著表格的相關屬性。

接著，我們就以 dictionary 介紹 DataFrame 應該如何定義。定義 DataFrame 的程式碼如下：

```python
# 載入 pandas 套件
import pandas as pd
# 定義要轉換為 DataFrame 的資料
data = {'open':[8,10,12], 'close':[10, 12, 13]}
# 將 dictionary 轉換為 DataFrame
df = pd.DataFrame(data)
# 顯示 DataFrame
print (df)
```

上述的程式碼透過 Python 執行完成如下：

```
   open  close
0     8     10
1    10     12
2    12     13
```

然後，我們來介紹 list 如何轉換為 DataFrame，程式碼如下：

```python
import pandas as pd

# list 轉成 DataFrame
lst = [['tom', 'reacher', 25], ['krish', 'pete', 30],
       ['nick', 'wilson', 26], ['juli', 'williams', 22]]

df = pd.DataFrame(lst,
                  columns =['FName', 'LName', 'Age'],
                  dtype = float)
```

上述的程式碼透過 Python 執行完成如下：

```
>>> df
    FName      LName  Age
0     tom    reacher  25.0
1   krish       pete  30.0
2    nick     wilson  26.0
3    juli   williams  22.0
```

這樣就完成了 DataFrame 的定義，而 DataFrame 型別的屬性共有三個，分別如下：

屬性	說明
ndim 屬性	維度，通常為二維。
shape 屬性	形狀，回傳一個有兩個值的陣列，分別是列及欄。
dtypes 屬性	分別表示每一列的資料屬性。

查看 DataFrame 屬性的程式碼如下：

```python
# 查看 DataFrame 的維度
print(df.ndim)
# 查看 DataFrame 的列欄數
print(df.shape)
# 查看 DataFrame 的陣列型別
print(df.dtypes)
```

上述的程式碼透過 Python 執行完成如下：

```
# 查看 DataFrame 的維度
2
```

```
# 查看 DataFrame 的列欄數
(3, 3)

# 查看 DataFrame 的陣列型別
open     int64
close    int64
high     int64
dtype: object
```

❖ 取得 DataFrame 欄位資料

取得 DataFrame 欄位資料，需要在宣告 DataFrame 變數時，在後方的索引值加上欄位元名稱即可。

本次操作將延續前面的內容，取得 DataFrame 欄位資料的程式碼如下：

```
# 透過屬性的方式呼叫
print(df.open)
# 透過索引的方式呼叫
print(df['open'])
```

上述的程式碼透過 Python 執行完成如下：

```
0      8
1     10
2     12
Name: open, dtype: int64
0      8
1     10
2     12
Name: open, dtype: int64
```

❖ 取得 DataFrame 欄位資料細節

本次操作將延續前面的內容，取得 DataFrame 欄位細節的程式碼如下：

```
# 取得 DataFrame 的索引
df.info()
# 取得 DataFrame 的敘述統計
df.describe()
```

上述的程式碼透過 Python 執行完成如下：

```
df.info()
<class 'pandas.core.frame.DataFrame'>
RangeIndex: 3 entries, 0 to 2
Data columns (total 2 columns):
 #   Column  Non-Null Count  Dtype
---  ------  --------------  -----
 0   open    3 non-null      int64
 1   close   3 non-null      int64
dtypes: int64(2)
memory usage: 176.0 bytes


df.describe()
Out[5]:
        open      close
count   3.0    3.000000
mean   10.0   11.666667
std     2.0    1.527525
min     8.0   10.000000
25%     9.0   11.000000
50%    10.0   12.000000
75%    11.0   12.500000
max    12.0   13.000000
```

❖ DataFrame 的 loc、iloc

DataFrame 是表格型別，所以 DataFrame 有內建的函數，可以直接將 DataFrame 內的特定內容取出，接著將分別介紹這些函數。

```
# 透過列欄名稱去取得 DataFrame 內的資料
DataFrame.loc[行,列]
# 透過列欄索引去取得 DataFrame 內的資料
DataFrame.iloc[行,列]
```

1. loc 是透過列欄的名稱去取得相對應的資料

本次操作將延續上一個小節，取得 DataFrame 欄位資料的程式碼如下：

```
# 顯示從第一列至名叫 2 的列數
print(df.loc[:2])
```

```
# 顯示至名叫 2 的列數的 close 欄位
print(df.loc[2,'close'])
```

上述的程式碼透過 Python 執行完成如下：

```
# 顯示從第一列至名叫 2 的列數
   open  close  high
0     8    10    14
1    10    12    13
2    12    13    21
# 顯示至名叫 2 的列數的 close 欄位
13
```

2. iloc 是透過列欄的索引（數值）去取得相對應的資料

本次操作將延續前面的內容，取得 DataFrame 欄位資料的程式碼如下：

```
# 顯示至第二列
print(df.iloc[:2])
# 顯示至第二列的第二欄位
print(df.iloc[:2,:2])
```

上述的程式碼透過 Python 執行完成如下：

```
# 顯示至第二列
   open  close  high
0     8    10    14
1    10    12    13
# 顯示至第二列的第二欄位
   open  close
0     8    10
1    10    12
```

❖ 新增 DataFrame 欄位

新增 DataFrame 的欄位，只需要定義新的欄位名稱以及給予新的陣列即可。

本次操作將延續前面的內容，取得 DataFrame 欄位資料的程式碼如下：

```
# 新增欄位
df['low']=[1,2,3]
```

```
# 顯示 DataFrame
print(df)
```

上述的程式碼透過 Python 執行完成如下：

```
   open  close  high  low
0     8     10    14    1
1    10     12    13    2
2    12     13    21    3
```

❖ 定義空的 DataFrame 並填入新值

定義一個空的 DataFrame，並且自定義欄位後進行資料新增，這將作為一個 DataFrame 的容器來儲存資料。

```
a=pd.DataFrame()
a=a.append(pd.Series([欄位1,欄位2,欄位3]),ignore_index=True)
```

接著，透過範例檔來實現 append 操作。

```
import pandas as pd
a=pd.DataFrame()
a=a.append(pd.Series(['123',123,456]),ignore_index=True)
a=a.append(pd.Series(['234',234,456]),ignore_index=True)
print(a)
```

上述的程式碼透過 Python 執行完成如下：

```
Out[29]:
     0      1      2
0  123  123.0  456.0
1  234  234.0  456.0
```

技巧 30 【實作】Pandas 資料清洗

❖ 判斷 DataFrame 中的每個值是否為遺漏值：df.isna()

```
import pandas as pd
```

```
# 建立 DataFrame
df = pd.DataFrame({'A': [1, 2, None, 4],
                   'B': [5, None, 7, 8],
                   'C': [9, 10, 11, 12]})

# 判斷 DataFrame 中的遺漏值
print(df.isna())
```

上述的程式碼透過 Python 執行完成如下：

```
       A      B      C
0  False  False  False
1  False   True  False
2   True  False  False
3  False  False  False
```

❖ 刪除含有遺漏值的列或欄：df.dropna()

```
import pandas as pd

# 建立 DataFrame
df = pd.DataFrame({'A': [1, 2, None, 4],
                   'B': [5, None, 7, 8],
                   'C': [9, 10, 11, 12]})

# 刪除含有遺漏值的列
df_drop_row = df.dropna(axis=0)
print(df_drop_row)

# 刪除含有遺漏值的欄
df_drop_col = df.dropna(axis=1)
print(df_drop_col)
```

上述的程式碼透過 Python 執行完成如下：

```
     A    B   C
0  1.0  5.0   9
3  4.0  8.0  12
     C
0    9
```

```
1    10
2    11
3    12
```

❖ 將遺漏值填補為指定的值或計算結果：df.fillna()

```
import pandas as pd

# 建立 DataFrame
df = pd.DataFrame({'A': [1, 2, None, 4],
                   'B': [5, None, 7, 8],
                   'C': [9, 10, 11, 12]})

# 將遺漏值填補為 0
df_fill_zero = df.fillna(0)
print(df_fill_zero)

# 將遺漏值填補為各列的平均值
df_fill_mean = df.fillna(df.mean())
print(df_fill_mean)
```

上述的程式碼透過 Python 執行完成如下：

```
      A    B    C
0   1.0  5.0    9
1   2.0  0.0   10
2   0.0  7.0   11
3   4.0  8.0   12
           A          B    C
0   1.000000   5.000000    9
1   2.000000   6.666667   10
2   2.333333   7.000000   11
3   4.000000   8.000000   12
```

❖ 判斷 DataFrame 中是否有重複的資料：df.duplicated()

```
import pandas as pd

# 建立一個包含重複資料的 DataFrame
df = pd.DataFrame({
```

```
    'A': [1, 2, 3, 3],
    'B': [4, 5, 6, 6]
})

# 判斷是否有重複的列，預設判斷所有欄
dup_rows = df.duplicated()
print(dup_rows)

# 只判斷某欄是否有重複的列
dup_rows = df.duplicated(subset='A')
print(dup_rows)
```

上述的程式碼透過 Python 執行完成如下：

```
0    False
1    False
2    False
3     True
dtype: bool
0    False
1    False
2    False
3     True
dtype: bool
```

❖ 刪除重複的資料：df.drop_duplicates()

```
import pandas as pd

# 建立一個包含重複資料的 DataFrame
df = pd.DataFrame({
    'A': [1, 2, 3, 3],
    'B': [4, 5, 6, 6]
})

# 刪除重複的列，預設判斷所有欄
df = df.drop_duplicates()
print(df)

# 只刪除某欄重複的列
```

```
df = df.drop_duplicates(subset='A')
print(df)
```

上述的程式碼透過 Python 執行完成如下：

```
   A  B
0  1  4
1  2  5
2  3  6
   A  B
0  1  4
1  2  5
2  3  6
```

透過上述的處理遺漏和重複資料的函數，我們可以將資料清洗，並準備好進一步的分析。需要注意的是，在處理遺漏和重複資料時，需要根據具體情況決定使用哪些函數和參數。

技巧31 【實作】Pandas 檔案處理

❖ 讀取 CSV 檔案：pd.read_csv()

假設有一個名為「data.csv」的 Excel 檔案，檔案內容如下：

```
Name, Age, Gender
John, 24, Male
Emily, 31, Female
David, 18, Male
```

Python 範例碼如下：

```
import pandas as pd

# 從 CSV 檔案中讀取資料
data = pd.read_csv('data.csv')
print(data)
```

❖ 讀取 Excel 檔案：pd.read_excel()

假設有一個名為「data.xlsx」的 Excel 檔案，其中一個工作表為 Sheet1，其內容如下：

Name	Age	Gender
John	24	Male
Emily	31	Female
David	18	Male

Python 範例碼如下：

```python
import pandas as pd

# 從 Excel 檔案中讀取資料
data = pd.read_excel('data.xlsx', sheet_name='Sheet1')
print(data)
```

這些函數還有許多可選的參數和用法，例如：header、encoding（編碼）等。

❖ 寫入 CSV 檔案：df.to_csv()

```python
import pandas as pd

# 建立 DataFrame
data = {
    'Name': ['Amy', 'Bob', 'Cathy', 'David'],
    'Age': [25, 32, 18, 47],
    'Country': ['Taiwan', 'USA', 'Japan', 'China']
}
df = pd.DataFrame(data)

# 將 DataFrame 寫入 CSV 檔案
df.to_csv('example.csv', index=False)
```

❖ 寫入 Excel 檔案：df.to_excel()

```python
import pandas as pd

# 建立 DataFrame
data = {
    'Name': ['Amy', 'Bob', 'Cathy', 'David'],
```

```
    'Age': [25, 32, 18, 47],
    'Country': ['Taiwan', 'USA', 'Japan', 'China']
}
df = pd.DataFrame(data)

# 將DataFrame寫入Excel檔案
df.to_excel('example.xlsx', index=False)
```

在這個範例中，to_csv() 和 to_excel() 函數都需要指定檔案名稱和儲存路徑。其中，index 參數是可選的，預設爲「True」，表示寫入檔案中是否包含 DataFrame 的索引；如果將 index 設爲「False」，則不會將索引寫入檔案中。

這些函數還有許多可選的參數和用法，例如：encoding（編碼）等。另外，Pandas 還支援其他常見的檔案格式，如 HDF5、HTML、XML 等。

注意，上述程式碼必須先安裝 openpyxl 套件，否則 to_excel() 函數將無法正常運作。我們可以使用下列的指令安裝 openpyxl：

```
pip install openpyxl
```

技巧 32 【實作】Pandas 資料合併

❖ 將多個 DataFrame 按照列或欄拼接到一起：pd.concat()

```
import pandas as pd

# 建立三個DataFrame
df1 = pd.DataFrame({'A': ['A0', 'A1', 'A2', 'A3'],
                    'B': ['B0', 'B1', 'B2', 'B3'],
                    'C': ['C0', 'C1', 'C2', 'C3'],
                    'D': ['D0', 'D1', 'D2', 'D3']})

df2 = pd.DataFrame({'A': ['A4', 'A5', 'A6', 'A7'],
                    'B': ['B4', 'B5', 'B6', 'B7'],
                    'C': ['C4', 'C5', 'C6', 'C7'],
                    'D': ['D4', 'D5', 'D6', 'D7']})
```

```
# 將 DataFrame 按照欄拼接
result = pd.concat([df1, df2])
print(result)
```

上述的程式碼透過 Python 執行完成如下：

```
   A   B   C   D
0  A0  B0  C0  D0
1  A1  B1  C1  D1
2  A2  B2  C2  D2
3  A3  B3  C3  D3
0  A4  B4  C4  D4
1  A5  B5  C5  D5
2  A6  B6  C6  D6
3  A7  B7  C7  D7
```

❖ 將另一個 DataFrame 按照列附加到原始 DataFrame 的末尾：df.append()

```
import pandas as pd

# 建立兩個 DataFrame
df1 = pd.DataFrame({'A': [1, 2], 'B': [3, 4]})
df2 = pd.DataFrame({'A': [5, 6], 'B': [7, 8]})

# 將 df2 附加到 df1
df3 = df1.append(df2)

print(df3)
```

上述的程式碼透過 Python 執行完成如下：

```
   A  B
0  1  3
1  2  4
0  5  7
1  6  8
```

❖ 根據指定的一欄或多欄將兩個 DataFrame 合併在一起：pd.merge()

```
# 建立兩個 DataFrame
df1 = pd.DataFrame({'key': ['K0', 'K1', 'K2', 'K3'], 'A': ['A0', 'A1', 'A2', 'A3'], 'B': ['B0', 'B1', 'B2',
'B3']})
df2 = pd.DataFrame({'key': ['K0', 'K1', 'K2', 'K3'], 'C': ['C0', 'C1', 'C2', 'C3'], 'D': ['D0', 'D1', 'D2',
'D3']})

# 合併兩個 DataFrame
df3 = pd.merge(df1, df2, on='key')

print(df3)
```

上述的程式碼透過 Python 執行完成如下：

```
  key  A   B   C   D
0 K0   A0  B0  C0  D0
1 K1   A1  B1  C1  D1
2 K2   A2  B2  C2  D2
3 K3   A3  B3  C3  D3
```

❖ 根據索引或欄位，將兩個 DataFrame 進行連接操作，類似於 SQL 中的 JOIN 操作：pd.join()

```
import pandas as pd

# 建立兩個 DataFrame
df1 = pd.DataFrame({'A': [1, 2], 'B': [3, 4]})
df2 = pd.DataFrame({'C': [5, 6], 'D': [7, 8]}, index=[1, 2])

# 將 df2 連接到 df1
df3 = df1.join(df2)

print(df3)
```

上述的程式碼透過 Python 執行完成如下：

```
  A  B   C    D
0 1  3  NaN  NaN
1 2  4  5.0  7.0
```

技巧33 【實作】Pandas 資料視覺化

❖ 折線圖：plot

「折線圖」是一種用於顯示資料趨勢的圖表，可以透過 df.plot() 函數來生成。以下是範例程式碼：

```python
import pandas as pd
import matplotlib.pyplot as plt

# 建立一個DataFrame
df = pd.DataFrame({'Year': [2015, 2016, 2017, 2018, 2019],
                   'Sales': [500, 600, 700, 800, 900]})

# 繪製折線圖
df.plot(x='Year', y='Sales', kind='line', title='Sales Trend')
plt.show()
```

上述的程式碼透過 Python 執行完成，如圖 3-1 所示。

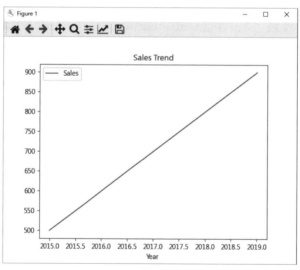

▲ 圖 3-1

❖ 直方圖：plot.hist

「直方圖」是一種用於顯示資料分布情況的圖表，可以透過 df.plot.hist() 函數來生成。以下是範例程式碼：

```python
import pandas as pd
import matplotlib.pyplot as plt

# 建立一個DataFrame
df = pd.DataFrame({'Score': [60, 70, 80, 90, 95, 100, 85, 75, 65, 70, 80]})

# 繪製直方圖
df.plot.hist(bins=5, title='Score Distribution')
plt.show()
```

上述的程式碼透過 Python 執行完成，如圖 3-2 所示。

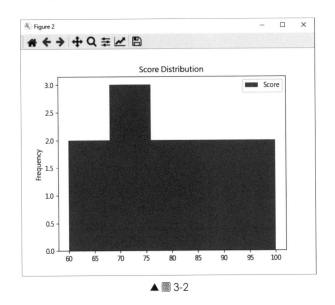

▲ 圖 3-2

❖ 散點圖：plot.scatter

「散點圖」是一種用於顯示資料之間相關性的圖表，可以透過 df.plot.scatter() 函數來生成。以下是範例程式碼：

```python
import pandas as pd
import matplotlib.pyplot as plt
```

```
# 建立一個 DataFrame
df = pd.DataFrame({'Height': [170, 175, 180, 160, 165, 173, 185],
                   'Weight': [60, 70, 80, 55, 58, 65, 90]})

# 繪製散點圖
df.plot.scatter(x='Height', y='Weight', title='Height vs. Weight')
plt.show()
```

上述的程式碼透過 Python 執行完成，如圖 3-3 所示。

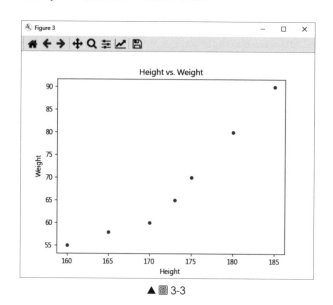

▲ 圖 3-3

技巧 34 【實作】Pandas 群組化處理

❖ 資料分群：groupby

將 DataFrame 按照指定的一欄或多欄進行分組。範例程式碼如下：

```
import pandas as pd

# 建立 DataFrame
df = pd.DataFrame({
    'Name': ['Alice', 'Bob', 'Charlie', 'Dave', 'Ellen', 'Frank', 'Gina', 'Henry', 'Isabel'],
    'Department': ['HR', 'IT', 'IT', 'HR', 'HR', 'IT', 'Sales', 'Sales', 'HR'],
```

```
    'Salary': [50000, 60000, 55000, 45000, 48000, 65000, 70000, 75000, 52000]
})
```

```
# 按照部門進行分組
grouped = df.groupby('Department')
```

該範例程式會回傳群組化物件，實際應用需搭配後面的內容。

❖ 資料分群統計：agg

使用 agg() 對分組後的資料進行聚合計算，以下是常見的計算模組：

計算模組	說明
sum	計算總和。
mean	計算平均值。
median	計算中位數。
min	計算最小值。
max	計算最大值。
count	計算非遺漏值的個數。
std	計算標準差。
var	計算方差。
first	選擇第一個非遺漏值。
last	選擇最後一個非遺漏值。
nunique	計算唯一值的個數。

範例程式碼如下：

```
# 計算平均薪資、最高薪資和最低薪資
result = grouped.agg({'Salary': ['mean', 'max', 'min']})
```

```
print(result)
```

上述的程式碼透過 Python 執行完成如下：

```
          Salary
            mean    max    min
Department
HR       48750.0  52000  45000
IT       60000.0  65000  55000
Sales    72500.0  75000  70000
```

❖ 資料分群後統計並轉回：transform

對分組後的每個子集進行轉換，回傳轉換後的 DataFrame。範例程式碼如下：

```python
# 按照部門進行分組，計算每個分組的平均值和標準差
grouped = df.groupby('Department')['Salary'].transform(lambda x: (x - x.mean()) / x.std())

# 將標準化後的薪資添加回原始 DataFrame
df['Standardized Salary'] = grouped

print(df)
```

上述的程式碼透過 Python 執行完成如下：

```
      Name Department  Salary  Standardized Salary
0    Alice         HR   50000             0.418609
1      Bob         IT   60000             0.000000
2  Charlie         IT   55000            -1.000000
3     Dave         HR   45000            -1.255828
4    Ellen         HR   48000            -0.251166
5    Frank         IT   65000             1.000000
6     Gina      Sales   70000            -0.707107
7    Henry      Sales   75000             0.707107
8    Isabel        HR   52000             1.088384
```

❖ 應用指定函數：apply

對分組後的每個子集應用指定的函數。範例程式碼如下：

```python
def salary_stats(group):
    return pd.Series({
        'Mean': group['Salary'].mean(),
        'Total': group['Salary'].sum()
    })

stats = df.groupby('Department').apply(salary_stats)
print(stats)
```

上述的程式碼透過 Python 執行完成如下：

```
          Mean      Total
Department
HR        48750.0  195000.0
IT        60000.0  180000.0
Sales     72500.0  145000.0
```

❖ 分群後篩選：filter

根據指定的條件，從 DataFrame 中篩選出符合條件的列。範例程式碼如下：

```python
# 使用 groupby 函數，根據部門進行分組，計算薪資平均值
department_mean = df.groupby('Department')['Salary'].mean()

# 使用 filter 函數，篩選出薪資高於部門平均值的員工
filtered_df = df.groupby('Department').filter(lambda x: x['Salary'].mean() < x['Salary'].max())

print(filtered_df)
```

上述的程式碼透過 Python 執行完成如下：

```
     Name Department  Salary  Standardized Salary
0   Alice         HR   50000             0.418609
1     Bob         IT   60000             0.000000
2 Charlie         IT   55000            -1.000000
3    Dave         HR   45000            -1.255828
4   Ellen         HR   48000            -0.251166
5   Frank         IT   65000             1.000000
6    Gina      Sales   70000            -0.707107
7   Henry      Sales   75000             0.707107
8  Isabel         HR   52000             1.088384
```

技巧 35 【實作】Pandas 時間序列資料處理

❖ 陣列轉時間：to_datetime

將字串或日期時間物件轉換為 Pandas 日期時間物件。範例程式碼如下：

```
import pandas as pd

data = pd.DataFrame({
    'date': ['2022-01-01', '2022-01-02', '2022-01-03'],
    'value': [10, 20, 30]
})

data['date'] = pd.to_datetime(data['date']) print(data['date'])
```

上述的程式碼透過 Python 執行完成如下：

```
0    2022-01-01
1    2022-01-02
2    2022-01-03
Name: date, dtype: datetime64[ns]
```

❖ 資料重新採樣：resample

對時間序列資料進行重新採樣，例如：從天轉換為月。範例程式碼如下：

```
import pandas as pd

# 建立一個每日的時間序列資料
daily_data = pd.DataFrame({
    'date': pd.date_range('2022-01-01', '2022-12-31'),
    'value': range(365)
})

# 將時間序列資料按月重新採樣
monthly_data = daily_data.resample('M', on='date').sum()
```

上述的程式碼透過 Python 執行完成如下：

```
            value
date
2022-01-31    465
2022-02-28   1246
2022-03-31   2294
2022-04-30   3135
2022-05-31   4185
2022-06-30   4965
```

```
2022-07-31    6076
2022-08-31    7037
2022-09-30    7725
2022-10-31    8928
2022-11-30    9555
2022-12-31    10819
```

❖ 資料平移：shift

將時間序列資料按照指定的時間偏移量進行位移。範例程式碼如下：

```python
import pandas as pd

# 建立一個每日的時間序列資料
daily_data = pd.DataFrame({
    'date': pd.date_range('2022-01-01', '2022-12-31'),
    'value': range(365)
})

# 將資料按照日期向後位移一天
daily_data_shifted = daily_data.shift(periods=1)

# 輸出結果
print(daily_data.head())
print(daily_data_shifted.head())
```

上述的程式碼透過 Python 執行完成如下：

```
        date  value
0 2022-01-01      0
1 2022-01-02      1
2 2022-01-03      2
3 2022-01-04      3
4 2022-01-05      4
        date  value
0        NaT    NaN
1 2022-01-01    0.0
2 2022-01-02    1.0
3 2022-01-03    2.0
4 2022-01-04    3.0
```

❖ 資料差值：diff

計算相鄰兩個時間點之間的差值，例如：計算每日收盤價的日收益率。範例程式碼如下：

```python
import pandas as pd

# 建立 DataFrame
stock_data = pd.DataFrame({
    'date': pd.date_range('2022-01-01', '2022-01-06'),
    'price': [100, 110, 120, 125, 130, 135]
})

# 計算價格變化
stock_data['price_diff'] = stock_data['price'].diff()

# 計算每日收益率
stock_data['daily_return'] = stock_data['price_diff'] / stock_data['price'].shift(1)
```

上述的程式碼透過 Python 執行完成如下：

```
        date  price  price_diff  daily_return
0 2022-01-01    100         NaN           NaN
1 2022-01-02    110        10.0      0.100000
2 2022-01-03    120        10.0      0.090909
3 2022-01-04    125         5.0      0.041667
4 2022-01-05    130         5.0      0.040000
5 2022-01-06    135         5.0      0.038462
```

❖ 移動窗格處理：rolling

對時間序列資料進行移動計算，例如：計算移動平均值或移動標準差，而 rolling 後續可以應用的函數如下：

函數	說明
mean()	計算移動平均值。
sum()	計算移動總和。
max()	計算移動最大值。
min()	計算移動最小值。
std()	計算移動標準差。

函數	說明
var()	計算移動方差。
count()	計算移動計數。
corr()	計算移動相關性。
cov()	計算移動協方差。
apply()	對指定的函數應用。

接下來介紹移動運算，範例程式碼如下：

```python
import pandas as pd

# 建立 DataFrame
stock_data = pd.DataFrame({
    'date': pd.date_range('2022-01-01', '2022-01-06'),
    'price': [100, 110, 120, 125, 130, 135]
})

# 計算 5 日移動平均值和 5 日移動標準差
stock_data['MA5'] = stock_data['price'].rolling(window=5).mean()
stock_data['STD5'] = stock_data['price'].rolling(window=5).std()

# 輸出結果
print(stock_data)
```

上述的程式碼透過 Python 執行完成如下：

```
        date  price   MA5       STD5
0 2022-01-01    100   NaN        NaN
1 2022-01-02    110   NaN        NaN
2 2022-01-03    120   NaN        NaN
3 2022-01-04    125   NaN        NaN
4 2022-01-05    130 117.0  12.041595
5 2022-01-06    135 124.0   9.617692
```

❖ 時間序列合併

我們首先建立了兩個 DataFrame，一個包含氣溫資料，另一個包含降雨量資料，接著我們使用 pd.to_datetime() 將日期欄位轉換爲 datetime 格式，這樣我們就可以使用日期欄位作爲鍵值來合併這兩個 DataFrame，最後我們使用 pd.merge() 來將兩個 DataFrame 合併成一個新的 DataFrame，並且指定日期欄位爲鍵值。範例程式碼如下：

```
import pandas as pd
import numpy as np

# 建立氣溫和降雨量的 DataFrame
temperature_data = {'日期': ['2023-04-01', '2023-04-02', '2023-04-03', '2023-04-04'],
                    '氣溫': [23.1, 25.4, 27.6, 26.9]}
temperature_df = pd.DataFrame(temperature_data)

rainfall_data = {'日期': ['2023-04-01', '2023-04-02', '2023-04-03', '2023-04-04'],
                 '降雨量': [0.0, 0.2, 0.1, 0.4]}
rainfall_df = pd.DataFrame(rainfall_data)

# 將日期欄位轉換為 datetime 格式，方便後續處理
temperature_df['日期'] = pd.to_datetime(temperature_df['日期'])
rainfall_df['日期'] = pd.to_datetime(rainfall_df['日期'])

# 將兩個 DataFrame 合併，使用日期欄位作為鍵值
merged_df = pd.merge(temperature_df, rainfall_df, on='日期')

print(merged_df)
```

上述的程式碼透過 Python 執行完成如下：

```
        日期    氣溫  降雨量
0 2023-04-01  23.1   0.0
1 2023-04-02  25.4   0.2
2 2023-04-03  27.6   0.1
3 2023-04-04  26.9   0.4
```

在下面的範例中，我們使用 pd.concat() 將兩個 DataFrame 沿著欄的方向合併，由於兩個 DataFrame 中都包含了日期欄位，因此在合併時要注意去除重複的欄位。此外，由於兩個 DataFrame 中的日期是一樣的，因此在合併後的結果中，日期欄位會出現兩次，需要根據實際需求進行調整。

```
# 將索引轉換為 datetime 格式，方便後續處理
temperature_df.index = pd.to_datetime(temperature_df['日期'])
rainfall_df.index = pd.to_datetime(rainfall_df['日期'])

# 使用 pd.concat() 將兩個 DataFrame 沿著欄的方向合併
```

```
concat_df = pd.concat([temperature_df, rainfall_df], axis=1)
```

```
print(concat_df)
```

上述的程式碼透過 Python 執行完成如下：

```
                日期  氣溫        日期  降雨量
日期
2023-04-01 2023-04-01  23.1 2023-04-01   0.0
2023-04-02 2023-04-02  25.4 2023-04-02   0.2
2023-04-03 2023-04-03  27.6 2023-04-03   0.1
2023-04-04 2023-04-04  26.9 2023-04-04   0.4
```

台股投資基本概念

本章將逐步介紹投資者在台股市場上所需掌握的重要觀念與技巧。從金融商品的基本介紹到各種交易制度與方法，涵蓋全面且實用的資訊，可幫助投資者在市場中做出明智的決策。

在台股市場中，了解常見的金融商品種類、股票市場的特性及台灣證券交易所的運作模式，是投資者需要具備的基礎知識。投資者必須熟悉台股的交易成本及各種交易制度，這些資訊將直接影響投資的成本和收益。

技巧36 【觀念】常見金融商品介紹

在投資市場中，了解各種金融商品的基本概念是投資的基礎。本技巧將介紹一些常見的金融商品，包括股票、債券、基金、ETF 及期貨，幫助讀者深入理解各類投資工具的特點及運作方式，從而做出更明智的投資決策。以下是常見的投資市場金融商品：

金融商品	說明
股票	股票是公司發行的代表所有權的證券，代表投資者持有公司的一部分。股票投資風險較高，但報酬率也相對較高，且具有股息收益。
債券	債券是公司或政府發行的債務證券，代表投資者向發行人借款並收取利息。債券投資風險較低，報酬率相對較低，但收益相對穩定。
基金	基金是由基金公司或信託公司集合多個投資人的資金，投資於多種金融商品的投資工具。基金投資風險較低，報酬率相對較高，具有分散風險的優點。
ETF	ETF 是交易型基金，類似於基金，但可以在股票市場上進行交易。ETF 投資風險與報酬率與股票相似，但具有分散風險的優點。
期貨	期貨是投資者與交易所簽訂的契約，約定在未來某個時間點以固定價格買進或賣出某種商品。期貨投資風險較高，但報酬率也相對較高。需要注意的是期貨具有高度的槓桿效應，因此也考驗投資者對於風險的認知。

相較於以上五種金融商品，其中有三種金融商品大家比較容易搞混，就是個股、基金、ETF，以下將列出這三種金融商品的優劣及大家對於這三種商品常見的疑問。

金融商品	優點	缺點
個股	可以根據個人研究和分析，選擇投資具有潛力的公司。投資收益潛力較大，若選擇高成長潛力公司，報酬率可能非常可觀。	風險較大，單一公司的風險高，可能因個別公司事件影響投資結果。需要自行研究分析，花費大量時間和精力，且投資知識要求較高。
基金	透過投資基金，可以分散風險，因為基金投資於多個公司，從而降低個股風險。基金經理的專業知識可幫助投資者進行投資決策，提供專業資訊和建議。	基金管理費用較高，可能降低投資報酬率。基金績效受經理能力和市場因素影響，因此無法避免績效不佳的情況。
ETF	交易方式和股票類似，可以隨時買入和賣出。具有分散風險的特點，可投資多個股票或債券，降低個股風險。通常有較低的管理費用，節省成本可能使投資報酬更佳。	某些冷門 ETF 流動性不如個股，可能存在價格滑點等問題。市場價格可能與淨值產生偏差，影響投資結果。

技巧37 【觀念】股票相較於其他市場的特性差異

本技巧將介紹為何股票是許多投資人的第一選擇，其實相較於股票來說，大家更喜歡投資的是企業，因為整個世界經濟的增長，都是依賴企業技術的不斷創新迭代。

接著介紹我們如果要投資一個企業，可以透過哪些金融商品。以下將提到以企業爲主的股票，股票是企業的所有權有價證券，代表股東對企業的所有權；股票的價格會隨著金融市場上各種因素進行波動，具有較高的風險和較高的回報潛力，股票的回報包括股息和資本利得。圖 4-1 爲 Yahoo 股市台積電股票的價格走勢圖。

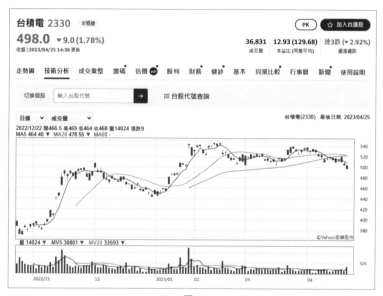

▲ 圖 4-1

除了以上的特點外，還有以下的其他因素，反應了爲何股票是投資最佳選擇。

因素	說明
高報酬潛力	股票市場因其高報酬潛力，而吸引了眾多投資者。當經濟增長、企業盈利上升時，股票價格也隨之上漲，投資者可以從中獲得可觀的資本增值。此外，許多公司還會發放股息，提供額外的現金流收入。
流動性高	股票市場具有高度流動性，投資者可以隨時買賣股票，實現資金的快速轉移，這一特性使得股票市場在市場波動時，仍能保持相對的穩定和透明。
多方選擇的投資機會	股票市場提供了廣泛的投資機會，投資者可以選擇不同產業、不同規模和不同地區的公司股票進行投資。

技巧 38 【觀念】常見台灣證券交易所介紹

台灣有三大交易所，分別爲「台灣證券交易所（證交所）」、「台灣期貨交易所（期交所）」、「證券櫃檯買賣中心（櫃買中心）」。

❖ 證交所

證交所交易的商品以上市股票為主，產品主要是集中交易市場中上市交易的有價證券，包括股票、債券換股權利證書、可轉換公司債、受益憑證、認購（售）權證、ETF、臺灣存託憑證及受益證券。

證交所自行編製了發行量加權股價指數，其指數被視為台灣經濟走向的主要指標之一。圖 4-2 為證交所的官方網站畫面。

▲ 圖 4-2

❖ 櫃買中心

台灣的店頭市場中，證交所主要交易的商品是上市證券，而櫃買中心交易的主要商品則是上櫃、興櫃證券商品，櫃買中心被認為是輔助上櫃股票轉為上市股票的一個跳板平台，能讓許多小公司企業能募集到足夠的資金，且發行較多種類的商品。圖 4-3 為櫃買中心官方網站首頁的畫面。

▲ 圖 4-3

❖ 期交所

期交所是以期貨商品交易為主的交易所，第一個期貨商品為台股期貨，是目前交易量最大的商品，也是許多人想要投資市場大盤商品的首選。期貨交易所陸續推出電子期貨、金融期貨與小型台指期貨、選擇權商品等多種衍生性商品。圖 4-4 為期交所官方網站首頁的畫面。

▲ 圖 4-4

技巧39 【觀念】台股交易成本介紹

在投資領域中，「交易成本」是一個非常重要的考量因素，它會影響到投資組合的績效。「交易成本」是指投資者進行交易所需要支付的費用，包括證券交易稅、手續費、買賣差價等。

交易成本	說明
手續費	每次交易時，投資者需要支付手續費，這對於小額投資者來說，可能會占據很大比例的成本，因此在選擇證券公司時，要比較不同公司的手續費。以台灣來說，目前單次買進、賣出的手續費為 0.1425%，手續費要除以經紀商給的折扣，才是最終的手續費，讀者可以向自己的經紀商業務詢問目前的手續費折數。
證券交易稅	證券交易稅是指在進行股票交易時需要支付的稅費。在台灣，股票交易稅為 0.3%，而且在交易時就已經扣除，因此投資者需要注意這個成本費用。

總結每次台股的交易金額，假設某一位投資者每次交易台股的金額為 100,000 元新台幣（NTD），那麼每次交易的總成本可以這樣計算：

● 手續費：每次交易 0.1425% 的手續費，買賣乘上 2 次，合計為 0.285%。如果手續費折數為 5 折，則一次買賣的手續費成本約為 0.1425%。

● 證券交易稅：每次交易（買賣）0.3% 的證券交易稅。

買賣皆為金額 100,000 元新台幣的話，則手續費為 142.5+300 元，總共為 442.5 元新台幣。

技巧40 【觀念】證券交易制度

目前國內證券交易所的交易制度分為以下幾類，讀者先了解有哪些方式可以進行投資，然後選擇最適合自己的投資方法。

❖ 盤中整股交易

「盤中整股交易」是目前市場最主要的交易方法。以國內的證券交易所來說，在每個開盤日的早上 8:30 會開放委託，交易所會進行試撮合，9:00 的時候開盤，盤中交易採逐筆競價撮合，但在每天的 13:25 會採集中委託，然後在 13:30 進行當天收盤最後一筆集中撮合。

❖ 盤後定價交易

「盤後定價交易」是在當天證交所收盤後最後一次撮合交易。「定價交易」的意思是，投資人只能透過當天最後成交價來進行買賣，統一在當天的 14:00 開始接受委託，14:30 進行撮合，這種交易的風險在於「成交風險」，當該金融商品的買賣不均衡時，可能沒有辦法買賣該商品。

而許多技術分析的量化交易者會在當天的 K 線產生以後，產出當天的交易訊號，這時必須透過下一盤進行交易，因此就有機會產生開盤與昨日收盤價差異的「跳空缺口」，若要避免跳空缺口，也可以試試看盤後定價交易。

❖ 盤中、盤後零股交易

股票分為「整股」、「零股」，以前證交所只提供整股交易，由於小資族買不起高股價的投資商品，所以期交所近年來提供零股交易，價格只需要整股的千分之一，活絡了整體證券交易市場。

有了零股交易，投資人就可以針對股價較高的股票去做不同的投資選擇，擁有更彈性的資金操作空間。舉例來說，2022 年台積電一張股票可能高達 60 萬元，而小資族投資人沒有辦法持有這麼高價的股票，此時零股就是一種投資選項。

零股交易於 2010 年 10 月 26 日開放盤中零股交易，零股盤後交易制度與一般盤後交易制度相同，盤中零股交易制度的方式是 9:10 起第一次撮合，進而每 3 分鐘以集合競價撮合一次。

技巧 41 【觀念】證券交易方法

證券交易有幾種方式，由於證券商品屬於「有價證券」，所以通常會站在持有的角度去思考獲利，也就是多方獲利。由於要放空證券的難度、限制較多，所以通常要放空證券的投資人，都會選擇買「個股期貨」、「個股選擇權」、「權證」這類衍生性交易商品，讀者可以研究股票的價格行為，進而去操作這些衍生性商品。

以下列出幾種常見的證券交易方法：

❖ 現股買賣

「現股買賣」是最常見的股票買賣方法，也就是付 10000 元現金購買等值的證券，如果交易證券，現股採用 T+2 日交割，投資人最慢需要在買入隔兩天在證券戶放入買進的股票金額，否則會違約交易，而產生信用不良的紀錄（要非常注意），這部分投資人必須在交易前非常謹慎，不要買入無法負擔的股票價值。

❖ 融資買賣

「融資交易」是信用交易的一種，簡單來說，就是當我們只有 40% 本金又想買入 100% 的證券商品時，可以跟券商借款買入股票，透過槓桿操作的方式買進股票，但是一旦向券商借錢買股，就必須照著融資規矩限制住操作，融資有融資保證金最低維持率，如果虧損的金額大於最低維持率，則必須補錢至交易戶頭，否則券商有權利將我們的交易商品進行強制回補。

舉例來說，目前上市股票的融資成數是 6 成，代表我們只需要出 40% 的本金就可以買入股票，也就是我們使用了 1.5 倍「(100-40)/40」的槓桿。

接著，我們來介紹一下融資維持率，也就是「股票價值 / 融資金額＝融資維持率」。如果買入 100% 的價值商品，60% 的融資金額，這樣我們的原始融資維持率為 166%，之後只要當融資維持率低於 130% 就需要追繳；如果將融資維持率換算為股價 % 數的話，大概 78% 就必須追繳保證金，也就是透過融資買入，只要虧損超過 22%，沒有追繳保證金就會被券商強制回補。

❖ 融券

「融券」通常是用在要放空個股，融券與融資一樣也是信用交易，其原理是當券商有客戶融資的股票（因為券商借錢給客戶買入股票，實際上股票是券商保管），因此券商可以將融資的股票借給融券的投資人進行賣出，而融券的投資人最後再將股票買回還給券商。

放空股票的損益計算方法，剛好與做多的損益計算方法相反。買入股票 10000 元，再賣出股票 20000，會獲利 10000 元；相反的，如果是融券的話，賣出股票 10000，再買回股票就會虧損 10000 元。

融券時，也要考慮到標借費用，由於信用交易的原理，有資才有券，資券餘額是每天更新的，也就是當某天融資都回補了，融券還沒回補時，這時交易所就必須到市場上去跟其他投資人借股票，來讓融券的投資人放空，這時會產生標借費用。要操作融券之前，建議讀者先了解完整的交易流程，以免造成不必要的虧損。

❖當沖交易

「當沖交易」是目前市場上最興盛的交易方法，由於當沖交易手續費減半，並且不需要全額交割款，所以受到各種投機客的青睞，證交所近年來成交量大漲，多數也是因爲當沖的興盛。

許多投資人會誤以爲無本交易沒有資金壓力，但實際上不然，實際產生的損益可能超乎想像。當沖要考量的事情，除了自己本身的虧損承受上限以外，還需要考量漲跌停鎖死的因素，若是買進但當天股票跌停鎖死而無法回補的話，就必須轉爲現股交割單隔日賣出。

技巧42　【觀念】主動投資的方法種類

「主動投資」是指「主動選擇投資標的」或「擇時進入投資市場」，通常需要耗費更多的時間和精力進行研究和分析。「被動投資」是指投資者透過購買指數型商品，追蹤整體市場指數的表現，以達到分散風險和獲得市場回報的目的。在投資過程中，「交易成本」是需要考慮的因素，包括交易手續費、稅金、滑價成本等，這些費用會對投資收益產生影響。

「主動投資」是指投資者自行投資，選擇個別股票、債券或其他金融商品，並根據自己的研究和判斷做出「擇時」、「擇標的」的決策。主動投資通常需要花費較多的時間和精力，透過研究市場和公司的基本面資料來判斷風險和報酬。

主動投資的分析架構，主要有以下幾種：

分析架構種類	說明
基本面分析	透過分析公司的財務報表、產業趨勢等基本面資料，評估公司的價值和成長潛力。
價格技術分析	透過觀察市場價格和交易量等技術指標，針對相同的市場型態進行分析，並預期市場會重複過去特定的模式來進行擇時進出。
事件型策略	根據發生的公司事件（如併購、增減資、除權息等）或總體經濟事件（如升降息、利率變動等），進行金融商品的投資決策。
量化投資	利用電腦程式進行交易決策，透過量化的交易邏輯來進行自動化投資。

主動投資的優點是，投資者可以根據自己的判斷和風險承受能力進行投資，並能夠獲得更高的報酬率，但同時也需要花費更多的時間和精力進行研究和分析，是一種耗費成本較高的投資方法。

需要注意的是，主動投資的結果取決於投資人的技能、經驗及市場的變化，實際上並不存在一種策略可以長期保證獲利，投資人需要有風險意識，並在風險與報酬之間找到良好的平衡。圖 4-5 是針對特定金融商品進行擇時買進賣出的示意圖。

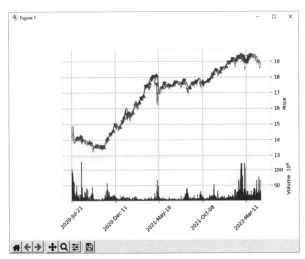

▲ 圖 4-5

技巧43 【觀念】量化投資的概念

「量化分析」的最大好處是，能夠用大數據進行歷史沙盤推演，並透過程式自動化進行投資。

以前的人要透過時間來獲取經驗，農夫要傳承老祖先的方法耕作，才有辦法嘗到甜美的果實，而在這個新的時代，「資料分析」成為人人手上不可或缺的工具，資料可以帶給我們無限的創造力，甚至從以前不曾思考過的各個面向切入分析，推翻前人的看法、經驗，這就是我們為何需要量化分析，示意圖如圖 4-6 所示。

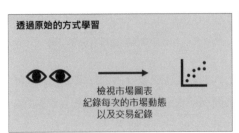

▲ 圖 4-6

　　投資也是一樣，當我們在市場上交易，卻對市場一無所知時，有兩種方法可執行，一種是「直接實戰操作」，一種是「透過數據分析，了解有勝算的投資方法後，再進行實戰操作」。

　　會閱讀本書的讀者，應該都是屬於第二種人，當我們對於市場的投資操作沒有把握時，就需要歷史回測來驗證自己的想法是否可行，歷史回測不僅僅只是數學計量模型的計算，也包含了計量模型以外的市場行為分析。

　　以往大家沒有完整的歷史數據時，網路上散播著零散的統計資訊、盤後資料，這沒有辦法準確進行歷史回測，但在這個強調開放資料的年代，網路上已經有許多免費的公開資訊，可方便我們進行分析了，沒有資料已經不是讓我們不能更好的藉口。

　　「量化分析」就是針對資料進行回溯測試。當我們有一個交易的想法時，首先會將規則明確列出，並寫為具體的程式碼，接著再拿出歷史資料加以驗證，看看我們的想法在之前的交易日中的具體成效為何，這時如果擁有夠多的歷史資料，就能在更大的時間範圍中驗證可行性，並在未來的預測中提供更準確的依據。

05

台股歷史資料取得與
資料視覺化介紹

本章將介紹台股歷史資料的取得與視覺化方法，包含 K 線圖、基本技術分析等概
念。透過介紹台灣證券市場歷史資料、取得資料的管道及爬蟲技術，實際操作取
得證券歷史資料及公開資料，並使用這些資料繪製折線圖、K 線圖及均線圖。

技巧 44 【觀念】台灣證券市場的歷史資料介紹

因應全世界的「開放資料」國家政策走向，台灣的金融單位也逐步公開許多資料，因此台灣金融量化分析的需求越來越蓬勃。由於許多資料的公開，減少了投資人的資訊不對襯，接著我們來介紹台灣證券市場到底公布了哪些資訊。

讀者可以直接至「證交所」、「櫃買中心」的官方網站，台灣的公開發行證券主要分為上市、上櫃，上市的證券由證交所進行買賣，上櫃、興櫃的證券由櫃買中心進行買賣，所以這兩個單位的官方網站就釋出許多資料給投資者檢查。證交所官網與櫃買中心的交易資訊首頁，如圖 5-1、5-2 所示。

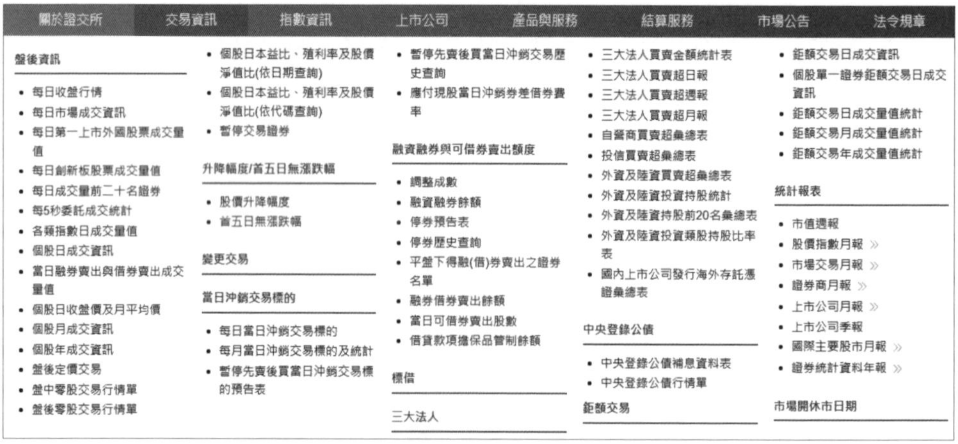

▲ 圖 5-1

▲ 圖 5-2

上述兩個交易所公布了多項資料，由於資料種類過多，主要分為幾種資料：

● 價量資料（技術面）。

● 籌碼資料（三大法人、融資融券等）。

● 證券事件類型（除權息、增減資事件等）。

台灣除了證交所、櫃買中心會公布資料以外，還有「臺灣集中保管結算所」也會公布證券的相關統計—「股權分散表」，會揭示每一檔證券的持有級距及比例，如圖5-3所示。

證券代號：2330
證券名稱：台積電

資料日期：113年06月07日

序	持股/單位數分級	人數	股數/單位數	占集保庫存數比例(%)
1	1-999	754,140	122,931,202	0.47
2	1,000-5,000	308,948	592,075,408	2.28
3	5,001-10,000	37,952	275,356,134	1.06
4	10,001-15,000	13,186	162,406,756	0.62
5	15,001-20,000	6,367	112,831,866	0.43
6	20,001-30,000	6,298	154,603,168	0.59
7	30,001-40,000	2,990	103,812,000	0.40
8	40,001-50,000	1,822	82,306,729	0.31
9	50,001-100,000	3,577	250,416,577	0.96
10	100,001-200,000	1,853	258,937,961	0.99
11	200,001-400,000	1,222	342,883,922	1.32
12	400,001-600,000	519	254,611,205	0.98
13	600,001-800,000	328	226,461,894	0.87
14	800,001-1,000,000	213	191,294,827	0.73
15	1,000,001以上	1,559	22,804,106,338	87.92
16	差異數調整（說明4）		-4,995	-0.00
17	合　計	1,140,974	25,935,030,992	100.00

▲ 圖 5-3

另外，「公開資訊觀測站」揭示的資料也相當多，主要揭示兩類資料：

● 基本面（財報數據、月營收等）。

● 企業重大訊息。

這個網站的背後，有法律制約上市櫃公司的第一手消息必須要透過該網站公布，避免內線交易等疑慮，因此許多投資者會參考這個網站的重大訊息來取得第一手消息。公開資訊觀測站的官方網站，如圖5-4所示。

▲ 圖 5-4

技巧45 【觀念】常見價量資料格式

常見的價量資料格式為開高低收價（OHLC），也稱為「K線」。「K線」是一段期間成交價量統計而成的，由於揭示逐筆成交資訊（所有市場的買賣紀錄）對於資訊設備、網路的負擔太大，因此多數的價量數據都是統計資訊。投資者常見的K線圖，如圖5-5所示。

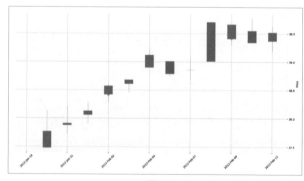

▲ 圖 5-5

K 線格式包含以下的構成要素：

構成要素	說明
開盤價（open）	一段期間的開盤價格。
最高價（high）	一段期間的最高價格。
最低價（low）	一段期間的最低價格。
收盤價（close）	一段期間的收盤價格。
成交量（Volume）	一段期間的累計成交量。

在 K 線中，我們會透過類似蠟燭的圖形來表示這四個資訊，我們可以想像一個直立的蠟燭，上下都有燭心，蠟燭本體的部分為開盤與收盤的範圍，而上面燭心的頂端是「最高價」，而下面燭心的頂端是「最低價」，如圖 5-6 所示。

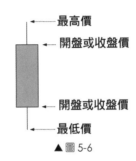

▲ 圖 5-6

如果收盤價高於開盤價，代表趨勢往上，會以紅色（我們用紅色表示上漲，而歐美相反，會以綠色表示安全）表示，這時開盤價就在下方，收盤價在上方；如果收盤價低於開盤價，代表趨勢往下，會以綠色（我們用綠色表示下跌，而歐美相反，會以紅色表示警告）表示，這時開盤價就在上方，收盤價在下方，如圖 5-7 所示。

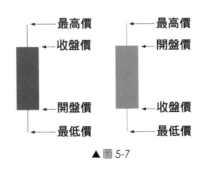

▲ 圖 5-7

另一種表現方式會以實心表示上漲（紅 K ），空心表示下跌（綠 K ），如圖 5-8 所示。

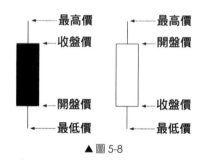

▲ 圖 5-8

❖ K 線格式範例

K 線格式可以用於進行多種金融資料，包含技術指標分析、趨勢分析、壓力支撐分析，以下是以日頻率統計的 K 線。

Date	Open	High	Low	Close	Volume
2023/4/17	4137.17	4151.72	4123.18	4151.32	3.61E+09
2023/4/18	4164.26	4169.48	4140.36	4154.87	3.54E+09
2023/4/19	4139.33	4162.57	4134.49	4154.52	3.57E+09
2023/4/20	4130.48	4148.57	4114.57	4129.79	3.77E+09
2023/4/21	4132.14	4138.02	4113.86	4133.52	3.61E+09
2023/4/24	4132.07	4142.41	4117.77	4137.04	3.29E+09
2023/4/25	4126.43	4126.43	4071.38	4071.63	3.98E+09
2023/4/26	4087.78	4089.67	4049.35	4055.99	3.84E+09
2023/4/27	4075.29	4138.24	4075.29	4135.35	3.75E+09
2023/4/28	4129.63	4170.06	4127.18	4169.48	4.09E+09

以上的 K 線示例顯示了一個證券商品從 2023 年 4 月 17 日到 4 月 28 日的價格變化。我們可從 K 線得知每天大致上的價格變化，上面表格的 K 線資料所繪製出來的圖形，如圖 5-9 所示。

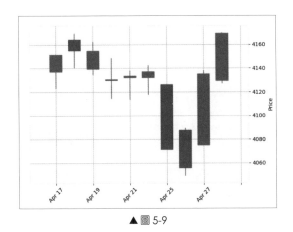

▲ 圖 5-9

技巧 46 【觀念】技術分析概念介紹

本技巧將介紹技術分析，技術分析又是什麼呢？「技術分析」理論是由 K 線（可參考技巧 45）進行延伸的，主要透過「開高低收」四個價位來進行不同公式的運算，算出不同的技術分析指標後，就可以與 K 線指標搭配來進行判斷。

從統計學的角度來看，技術分析就是「分類」金融市場走勢的方法。舉例而言，均線之上買進、均線之下賣出，背後的原因是認為目前價格均線之上的金融商品「預期未來漲幅」會比均線之下的「預期未來漲幅」還要來得更好。均線與 K 線共同繪製的圖片，如圖 5-10 所示。

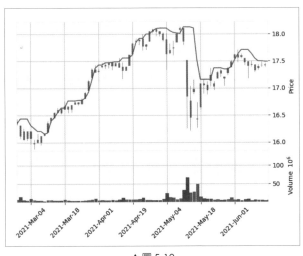

▲ 圖 5-10

知道技術分析的本質後，以量化分析的角度，把「市場的動向」進行分類，就可以抓到某些特徵的市場走勢內蘊含比較好的上漲機會、期望值，接著透過我們尋找到的特徵進行策略的開發。舉例而言，我們找到某些技術指標集合，當條件具備時，確保未來走勢是容易上漲的，那我們就買入持有；在特徵消失時，我們賣出現有部位。

技巧 47 【觀念】取得台股歷史資料的管道

取得台股歷史資料的管道有兩種：①取得公開資料（可參考技巧 44）、②付費向資訊商取得較完整的原始數據（台灣有許多金融資訊商）。對於一般投資者來說，基本上取得公開資料，就有非常多的資料可以進行分析了。

本書著重於取得價量數據，並不需要其他籌碼、基本面數據，這也是因應本書的主軸「網格交易」，所以本書將介紹如何取得公開資料。取得公開資料，主要分為兩種方式：

❖ 透過爬蟲取得網頁資料

透過 Python 程式自動去抓取網頁資料，如圖 5-11 所示。

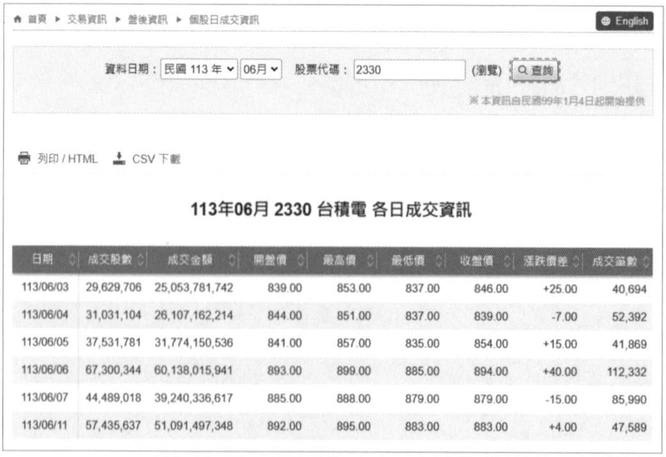

日期	成交股數	成交金額	開盤價	最高價	最低價	收盤價	漲跌價差	成交筆數
113/06/03	29,629,706	25,053,781,742	839.00	853.00	837.00	846.00	+25.00	40,694
113/06/04	31,031,104	26,107,162,214	844.00	851.00	837.00	839.00	-7.00	52,392
113/06/05	37,531,781	31,774,150,536	841.00	857.00	835.00	854.00	+15.00	41,869
113/06/06	67,300,344	60,138,015,941	893.00	899.00	885.00	894.00	+40.00	112,332
113/06/07	44,489,018	39,240,336,617	885.00	888.00	879.00	879.00	-15.00	85,990
113/06/11	57,435,637	51,091,497,348	892.00	895.00	883.00	883.00	+4.00	47,589

▲圖 5-11

❖ 透過 Python 第三方套件取用公開資料 API

例如：yfinance 套件是 Yahoo Finance 在 Python 的第三方套件，Python 可以直接載入套件，向 Yahoo Finance 抓取歷史資料。Yahoo Finance 歷史資料，如圖 5-12 所示。

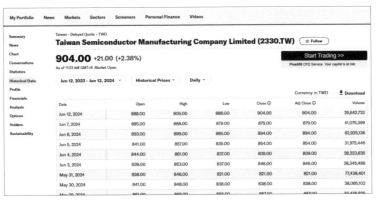

▲ 圖 5-12

技巧48 【觀念】爬蟲基本概念

上一技巧已提過 Python 可透過爬蟲去自動取得金融資料。而爬蟲是什麼呢？背後的理論基礎又是什麼？這裡將透過本技巧簡單概述一下。

「網路爬蟲」的基本概念，就是將我們平常透過網路瀏覽到的資訊，使用 Python 程式抓下來。網路通訊協定其實相當多種，而我們一般人最常見的通訊協定是 HTTP、HTTPS，這兩種通訊協定就是瀏覽器的通訊協定，也就是我們使用 Chrome、Safari、Edge 瀏覽網頁時取得網路資訊的一種協定，如圖 5-13 所示。

▲ 圖 5-13

而 Python 爬蟲就是透過程式取代瀏覽器去取得這些網路資訊的作法，如圖 5-14 所示。

送出Request

收到網頁原始碼

網頁伺服器

透過HTTP、HTTPS通訊協定

▲ 圖 5-14

接著要討論爬蟲應該如何實作。在討論之前，要先知道平常我們是怎麼上網看資料的，每個人應該都差不多：

● 打開常用的瀏覽器。

● 接著在搜尋引擎中輸入要查詢的關鍵字。

● 最後開始挑選想看的連結，點進連結後，開始瀏覽內容。

拜現在的資訊技術所賜，我們每個人都可以快速從網頁上取得資料，無論是艱澀的數學模型還是愉快的綜藝節目，雖然我們不需要了解中間蘊含多少技術，但是我們必須要了解基本的網頁須知，才有助於我們之後對於爬蟲的理解。

接下來，我們一一檢視上述三個動作背後所蘊含的意義。首先，「啓動瀏覽器」這件事是去啓用網路通訊協定的用戶端程式，在網路伺服器的架構中，分爲「伺服器端」（Server）及「用戶端」（Client），如圖 5-15 所示。

送出Request

回傳Response

Client端

Server端

▲ 圖 5-15

瀏覽器會將網頁伺服器回傳的網頁內容去進行呈現，也就是將密密麻麻的網頁原始碼轉換爲我們習慣閱讀的樣子。

每個啓動瀏覽器會有搭配的搜尋引擎，如果我們輸入特定的關鍵字，就可以找到相關的網站連結，接著我們會進入到特定的網址（例如：URL www.google.com），這件事情會透過 DNS 找到指定的 IP 位址，以指定的埠號跟該 IP 位址的網頁伺服器要資料，而網頁伺服器就會回傳網頁的結果到瀏覽器中。

最後，瀏覽器就會將取得的網頁語法轉換成整齊排列好的畫面，以呈現給使用者看。我們可以在網頁上點選「右鍵→檢查」，查看網頁原始碼，如圖 5-16 所示。

▲ 圖 5-16

我們了解到「查看網頁」背後的機制之後，其實爬蟲的技術就有了初步的輪廓，爬蟲其實就是透過 Python 取代瀏覽器，去擷取網路資訊，將資料做更多元的應用，例如：儲存、分析等。

技巧 49 【實作】透過爬蟲取得證券歷史資料

上一技巧介紹了爬蟲的基礎概念，接著本技巧將介紹如何透過 Python 抓取證券交易所的公開資料。

|STEP| **01** 首先到證交所的「個股日成交資訊」網站[1]，如圖 5-17 所示。

▲ 圖 5-17

---

[1] 證交所的個股日成交資訊： URL https://www.twse.com.tw/zh/trading/historical/stock-day.htm。

|STEP| **02** 啟動開發者工具（ F12 鍵 ），接著檢視 Network 的內容，然後重新點選一次「送出查詢」，如圖 5-18 所示。

▲ 圖 5-18

|STEP| **03** 在 Network 中可看到「STOCK_DAY」的網址，點開該網址，可發現證交所背後傳遞的資訊，如圖 5-19 所示。圖 5-19 中的資料是 JSON 格式，也是 Python 當中的 Dictionary 格式。

```
美化排版 ☑

{
  "stat": "OK",
  "date": "20240612",
  "title": "113年06月 2330 台積電        各日成交資訊",
  "fields": [
    "日期",
    "成交股數",
    "成交金額",
    "開盤價",
    "最高價",
    "最低價",
    "收盤價",
    "漲跌價差",
    "成交筆數"
  ],
  "data": [
    [
      "113/06/03",
      "29,629,706",
      "25,053,781,742",
      "839.00",
      "853.00",
      "837.00",
      "846.00",
      "+25.00",
      "40,694"
    ],
    [
      "113/06/04",
      "31,031,104",
      "26,107,162,214",
      "844.00",
      "851.00",
      "837.00",
      "839.00",
      "-7.00",
      "52,392"
    ],
```

▲ 圖 5-19

|STEP| **04** 我們可以透過 Python 的 Request 套件去取得網頁原始碼，再透過 json 套件去解析
json 字串為 Python 的 Dictionary 格式，接著編輯程式碼。

▌ 檔名：5_1_ 透過爬蟲取得證券歷史資料 .ipynb

```
# 載入必要套件
import requests
import json
import pandas as pd


# 取得證交所股票日成交數據
url = 'https://www.twse.com.tw/rwd/zh/afterTrading/STOCK_DAY?date=20240612&stockNo=2330&response=json&_=1718166127755'
response = requests.get(url)
data = json.loads(response.text)
df = pd.DataFrame(data['data'],columns=data['fields'])
```

|STEP| **05** Python 內的資料顯示，如圖 5-20 所示。我們只需要透過迴圈，逐月取得同一個證券
的歷史資料，就可以獲得一個證券的所有歷史日頻率的價量資訊了。

日期	成交股數	成交金額	開盤價	最高價	最低價	收盤價	漲跌價差	成交筆數
113/06/03	29,629,706	25,053,781,742	839.00	853.00	837.00	846.00	+25.00	40,694
113/06/04	31,031,104	26,107,162,214	844.00	851.00	837.00	839.00	-7.00	52,392
113/06/05	37,531,781	31,774,150,536	841.00	857.00	835.00	854.00	+15.00	41,869
113/06/06	67,300,344	60,138,015,941	893.00	899.00	885.00	894.00	+40.00	112,332
113/06/07	44,489,018	39,240,336,617	885.00	888.00	879.00	879.00	-15.00	85,990

▲ 圖 5-20

技巧 50 【實作】串接 API 抓取證券公開資料

Yahoo Finance 是目前世界上最大的金融公開資料供應商。Python 的第三方套件
—yfinance 套件，可用來串接 Yahoo Finance 的 API，除了歷史價量資料以外，還有提供
除權息調整後價格。

在使用該套件之前，需要透過以下的指令來安裝套件：

pip install yfinance

執行以上的指令安裝套件後，在 Python 命令列輸入「import yfinance」，如果沒有出現
錯誤訊息，則代表載入套件成功（安裝成功）。

安裝完該套件後，可以透過 yfinance 套件的 download 函數，來取得金融資料的公開資料，接著介紹 download 的函數參數。

參數	說明
商品代碼	Symbol（台灣的金融商品後方要加上「.TW」字串，台積電：2330.TW；0050 則是 0050.TW）。
起始日	Start
結束日	end。

實際的操作流程，可參考以下的程式碼：

▌檔名：5_2_ 透過套件取得證券歷史資料 .ipynb

```
# 載入套件
import yfinance as yf
# 商品名稱
prod = "2330.TW"
# 取得全部資料
data = yf.download(prod, period="max")
# 擷取資料開頭
data.head()
```

取得資料變數 data 格式，如圖 5-21 所示。

Date	Open	High	Low	Close	Adj Close	Volume
2000-01-04	69.649033	69.649033	68.475182	69.649033	34.502377	200662336736
2000-01-05	69.649033	71.214043	68.866341	71.214043	35.277649	402466805912
2000-01-06	70.822884	71.214043	69.649033	69.649033	34.502377	197545715802
2000-01-07	67.301331	68.475182	66.518639	67.692490	33.533165	235270344752
2000-01-10	69.649033	70.431351	68.475182	70.040192	34.696152	276171685539

▲ 圖 5-21

回傳的 K 線物件型別是 pandas.dataframe，主要有 6 組欄位，而索引值為「時間」（time），欄位分別如下：

項目	說明
Open	開盤價。
High	最高價。
Low	最低價。
Close	收盤價。

項目	說明
Adj Close	調整價。
Volume	總量。

由於 Yahoo Finance 沒有提供 API 商品列表的查詢，所以要得到 Yahoo Finance 的商品代碼，需要去 Yahoo Finance 網站取得。以 S&P500 來舉例，商品代碼在圖 5-22 的框中。

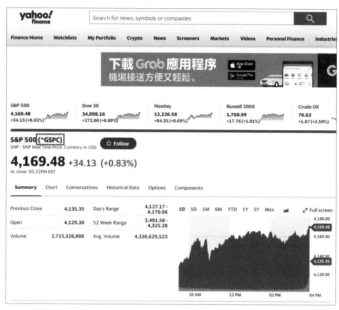

▲ 圖 5-22

技巧51 【實作】繪製台股價格折線圖

本技巧將介紹如何繪製台股價格折線圖，繪製圖表可讓資料分析者能夠快速檢視資料是否正確。透過圖形的繪製，我們也能觀察該證券價格的走勢。

接著，我們透過兩段程式來進行價格走勢的繪製。第一段是繪製 yfinance 取得的 2330 台積電股價，程式碼如下：

▌ 檔名：5_3_ 繪製台股價格折線圖 .ipynb

```
import yfinance as yf
import pandas as pd
import matplotlib
```

```
matplotlib.rc('font', family='Microsoft JhengHei')

# 商品名稱
prod = "2330.TW"
# 取得全部資料
data = yf.download(prod, period="max")
# 擷取資料開頭
data['Close'].plot(label='收盤價',legend=True)
```

「matplotlib.rc('font', family='Microsoft JhengHei')」這行程式碼是讓 Windows 作業系統可在 Python Matplotlib 套件中繪製中文。Mac 系統的讀者可以使用「Arial Unicode Ms」字型，繪製的圖表如圖 5-23 所示。

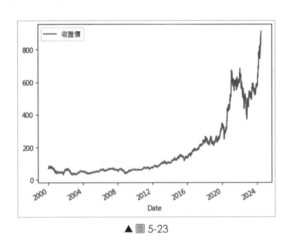

▲ 圖 5-23

接著，我們需要繪製報酬率曲線圖，用來衡量這一檔金融商品在各個時間段的報酬率，可以使用還原股價。「還原股價」是將除權息的比重還原，讓資料分析者不會因為除權息而導致報酬率失真。

▌檔名：5_3_ 繪製台股價格折線圖 .ipynb

```
# 繪製折線圖
(data['Close'].pct_change()+1).cumprod().plot(label='報酬率',legend=True)
(data['Adj Close'].pct_change()+1).cumprod().plot(label='還原除權息後報酬率',legend=True)
```

報酬率的繪製圖表，如圖 5-24 所示。可以發現，還原除權息的報酬率較好，那是因為有除息會降低股價，而還原會將除息的股價還原，因此較接近實際的投資報酬。

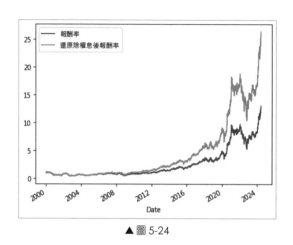

▲圖 5-24

技巧 52 【觀念】移動平均線介紹

「移動平均線」的英文名為「Moving Average」，英文簡寫為「MA」，是將一段期間的價格進行平均計算，由於金融資料是時間序列的資料，所以隨著時間的推移，會有不同的移動平均值，因此該指標稱為「移動平均線」。

我們在講移動平均線時，通常會先講週期，再講 MA。舉例來說，如果由 10 和 K 線所計算出來的平均價，我們稱為「10MA」，以日 K 來說，通常一個月交易日有 20 天（扣除假日）左右，所以我們如果要算月均線，就使用 20MA，如果要算季均線，就使用 60MA。

移動平均線（MA）分為多個種類，常見有 SMA、EMA、WMA。Talib 裡面也有高達八種均線的算法，最常見到的是「SMA」，全名為「Simple Moving Average」，意思為「簡單移動平均」，也就是透過所有時間單位的收盤價進行平均；「EMA」全名為「Exponential Moving Average」，意思為「指數移動平均」，與 SMA 的規則不同在於，EMA 認為時間較近的值相對於時間較遠的值更為重要，所以給予較重的指數權值。相較起來，若漲幅較大的商品，EMA 指數反應較快，但對於比較震盪的交易商品而言，也有可能因為反應過度靈敏，導致均線頻繁交錯，無法辨識目前價格的趨勢。

在 Python 裡面，針對股價歷史資料格式進行移動平均的計算，會使用到 Pandas 的 rolling（移動窗格）處理，再透過聚合函數進行平均值（mean）的計算。

技巧 53 【實作】繪製台股價格及移動平均線

本技巧將介紹如何繪製台股價格圖及均線價格圖，透過均線圖形的繪製，我們能觀察該證券價格與均線的關聯性。

接著，我們透過程式來繪製 yfinance 取得 2330 台積電股價及相對應的均線，程式碼如下：

▌檔名：5_4_繪製台股價格均線圖.ipynb

```python
import yfinance as yf
import pandas as pd
import matplotlib
matplotlib.rc('font', family='Microsoft JhengHei')

# 商品名稱
prod = "2330.TW"
# 取得全部資料
data = yf.download(prod, period="max")
# 繪製折線圖與均線
data.loc['2023':'2024','Close'].plot(label='收盤價',legend=True)
data.loc['2023':'2024','Close'].rolling(20).mean().plot(label='月均線',legend=True)
data.loc['2023':'2024','Close'].rolling(60).mean().plot(label='季均線',legend=True)
```

均線圖的繪製圖表，如圖 5-25 所示。

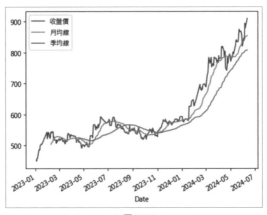

▲ 圖 5-25

技巧54 【實作】繪製K線圖

本技巧將透過mplfinance來介紹金融圖表的繪製。mplfinance套件必須相依兩個套件，分別是matplotlib、pandas套件，而這兩個關聯套件在安裝mplfinance時，就會依序被安裝了。

安裝指令執行結束後，進入Python命令列執行「import mplfinance」，若沒有出現錯誤訊息，則代表安裝及使用上都沒問題。

接著介紹如何繪製K線，將K線資料帶入線圖當中。我們需要先了解mplfinance套件所需要帶入的資料型別，該資料型別與本書中資料格式化後的資料是相符的，所以可以直接應用在該繪圖套件上。實際的操作流程，可參考以下範例。

❖ 繪製OHLC圖

我們透過mplfinance套件的Plot函數去執行圖形繪製，預設的繪製方式是OHLC圖，程式碼如下。程式碼抓取最後10筆資料來進行繪製，繪製的圖形如圖5-26所示，而該畫面紅框內的按鈕，可以進行圖片的放大縮小。

▌檔名：5_5_繪製台股K線圖.ipynb

```
import yfinance as yf
import pandas as pd
import mplfinance as mpf
import matplotlib
matplotlib.rc('font', family='Microsoft JhengHei')

# 商品名稱
prod = "2330.TW"
# 取得全部資料
data = yf.download(prod, period="max")
# 繪製線圖
mpf.plot(data.iloc[-10:])
```

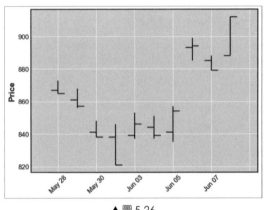

▲ 圖 5-26

❖ 繪製蠟燭圖

新增一個 type 參數，並指定為「candle」，以繪製蠟燭圖，程式碼如下。程式碼抓取最後 10 筆資料來進行繪製，繪製的圖形如圖 5-27 所示。

▍檔名：5_5_繪製台股 K 線圖 .ipynb

```
# 繪製 K 線圖
mpf.plot(data.iloc[-10:], type="candle")
```

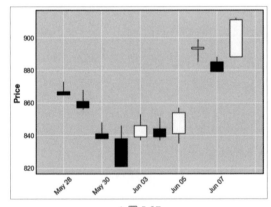

▲ 圖 5-27

❖ 繪製台股 K 線圖

接著，新增一個 style 參數，並指定特定的樣式，樣式種類有 classic、charles、mike、blueskies、starsandstripes、brasil、yahoo，程式碼如下。程式碼抓取最後 10 筆資料來進行繪製，繪製的圖形如圖 5-28 所示。

▌檔名：5_5_ 繪製台股 K 線圖 .ipynb

```
# 查看樣式
print(mpf.available_styles())


# 調整樣式
mpf.plot(data.iloc[-10:], type="candle", style="yahoo")
```

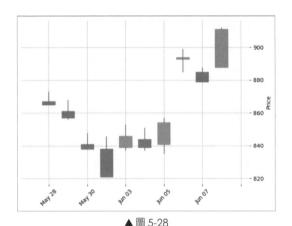

▲ 圖 5-28

我們可以發現「yahoo」風格是屬於歐美 K 線畫法的「漲綠跌紅」，要將它改為亞洲畫法的「漲紅跌綠」的話，可以透過 make_marketcolors、make_mpf_style 這兩個函數，來自訂 K 線的樣式，程式碼如下。程式碼抓取最後 10 筆資料來進行繪製，繪製的圖形如圖 5-29 所示。

▌檔名：5_5_ 繪製台股 K 線圖 .ipynb

```
# 修改 K 線顏色
mcolor = mpf.make_marketcolors(up="r", down="g", inherit=True)
mstyle = mpf.make_mpf_style(base_mpf_style="yahoo", marketcolors=mcolor)
mpf.plot(data, type="candle", style=mstyle)
```

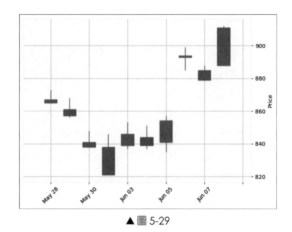

▲ 圖 5-29

技巧 55 【實作】繪製 K 線圖與均線

本技巧將介紹取得股價歷史資料後，進行多週期的移動平均線計算（包含週均線、月均線、季均線），分別是 5 日均線、20 日均線、60 日均線，實際的操作流程可參考以下的程式碼：

▌檔名：技巧 58_ 繪製 K 線圖與均線 .py

```python
import yfinance as yf
import pandas as pd
import mplfinance as mpf
import matplotlib
matplotlib.rc('font', family='Microsoft JhengHei')

# 商品名稱
prod = "2330.TW"

# 取得全部資料
data = yf.download(prod, period="max")

# 修改 K 線顏色
mcolor = mpf.make_marketcolors(up="r", down="g", inherit=True)
mstyle = mpf.make_mpf_style(base_mpf_style="yahoo", marketcolors=mcolor)

# 計算移動平均線
data["5ma"] = data.rolling(5)["Close"].mean()
```

```
data["20ma"] = data.rolling(20)["Close"].mean()
data["60ma"] = data.rolling(60)["Close"].mean()

# 繪製移動平均線
data = data.iloc[-200:].copy()
addp = []
addp.append(mpf.make_addplot(data["5ma"]))
addp.append(mpf.make_addplot(data["20ma"]))
addp.append(mpf.make_addplot(data["60ma"]))
mpf.plot(data, type="candle", style=mstyle, addplot=addp)
```

本範例抓取台積電的最後 200 筆資料來進行圖形繪製，如圖 5-30 所示。

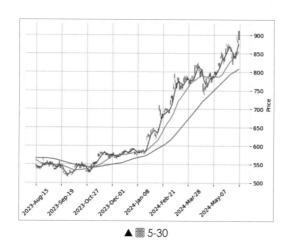

▲ 圖 5-30

網格交易介紹與歷史回測實作

本章將介紹網格交易的基本觀念與實務操作,包括網格交易的定義、特色及長期
持有的差異,並探討適合在台灣市場進行的交易標的,內容涵蓋從爬取除權息歷
史資料、設計回測演算法、進行回測及參數最佳化等實作,幫助讀者全面理解,
並實作網格交易策略歷史回測。

技巧 56 【觀念】網格交易基本介紹

「網格交易策略」的英文是「Grid Trading Strategy」，也可稱爲「蛛網策略」或「網格策略」，它就像蜘蛛結網一樣，是一種交易方法。想像你是一隻蜘蛛，把多條網格橫跨在你感興趣的地方（價位），等待獵物（股價）碰觸到網格的某些點，當股價觸及預先設定的價位時，你就可以根據計畫買進或賣出股票，從中賺取價差利潤，這樣的策略讓你不必積極追逐股價，而是靜靜等待機會，以較低的成本進入市場。

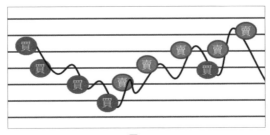

▲圖 6-1

圖 6-1 呈現了一般網格交易策略的概念與基本操作的方式，讓我們先從此圖來了解網格交易的概念：

- 圖的橫軸是時間，縱軸是股價。

- 每一條橫線對應到一個價格，形成了數個價格區間，也就是所謂的「網格」，可將每個網格當作預計要買進、賣出的價位。

- 由左至右的每一個數字圓圈，都代表一次買進或賣出的交易。

- 「網格交易」一開始會需要一個啓動的股票部位，通常是總資金的 20~50%，並將這些股票平均成本視爲起始網格計算的依據。

- 「網格操作」是每當股價從目前基準價格向上漲而碰觸到上一個網格線，就賣出一單位股票；每當股價從目前基準價格向下跌而碰觸到下一個網格，就買進一單位股票。

技巧 57 【觀念】網格交易的特色

「網格交易」是一種相對簡單的投資策略，主要建立在股票市場長期正報酬的基礎上。網格交易策略適合那些想要在股票市場中進行長期投資、具有耐心等待股價回升的投資者，重要的是選擇穩定的股市金融商品作爲投資目標。

交易策略	說明
買低賣高	透過固定的網格間距，在股價波動時進行買進和賣出，從而實現低價買入、高價賣出，獲取利潤。
不預測市場走勢	無須預測股價未來走勢，只需在設定的買賣點位執行交易。
不用看盤	透過預先掛好買單和賣單，到價時自動成交，無須時時看盤。
感受實現獲利	與存股不同，網格交易在股價上漲時，可以部分賣出股票，讓獲利入袋。
不停損	在股價下跌時持續買進，無須考慮是否停損，前提是選擇穩定的股市商品，若持續虧損，則減少單一商品網格交易整體的部位比重。

技巧 58 【觀念】網格交易與長期持有的差異

我們將實行網格交易策略與長期持有一檔股票來做比較，看有哪些好處？「長期投資」是指持有股市金融商品很長一段時間，除非公司基本面出現重大問題或買進理由消失，否則不會輕易賣出。持有時間長短因人而異，可能一至十年不等，不頻繁買賣股票。相較之下，「網格策略」不算投資，是透過股價來回波動，賺取價差的策略。交易頻率不固定，是依照股價的波動程度及我們設定的參數。網格交易者可以調整參數，進行不同頻率的網格交易，網格間距設定越大，則交易頻率越低。

網格策略有三個調整參數，即「基礎倉位」、「網格間距」、「買賣單位」，一般使用 5% 或 10% 的網格間距，每漲 5% 至 10% 賣出部分倉位來鎖住獲利，等待股價下跌，再投入或買其他商品。

除了上漲賣出鎖住獲利之外，還有一個好處，當取回現金之後，可以等待下次股價下跌的時候再次投入，也可以把資金拿去買其他股票，以調整整體的比重，相較於買進持有，網格交易更能活用資金。股價每跌 5% 或 10% 加碼買進，維持向下加碼節奏，降低成本；市況利空時，可等到下跌 15% 加碼。交易頻率取決於參數和股票波動性，可對不同股票使用不同網格間距。

技巧 59 【觀念】網格交易不同於虧損加碼

虧損加碼策略中，常見的是「馬丁格爾策略」，馬丁格爾策略起源於 18 世紀的法國，被稱為「虧損加倉」或「賭注加倍」策略。在一個公平的硬幣猜正反面的賭局中，每次若輸，賭注就加倍。儘管在硬幣猜測中，這一策略可能贏回所有損失，但在股市中要實現虧損加碼的策略，通常都要開啟槓桿來加碼，這對金融投資來說，風險會更高，開槓桿的後果不僅會虧損完所有本金，甚至可能會有負債產生。

相對的，網格策略雖然本質上看似「虧損加倉」，但更準確地說是「下跌加倉」。由於網格的交易概念是「只要上漲就會減倉」，不一定會等到總體獲利才出場，加上網格交易策略不會運用槓桿，因此網格交易的風險與馬丁格爾策略相比，低上許多；不同的是，網格策略重視選擇投資標的，甚至在網格的投資策略當中，也能分散不同的投資標的，達到更好的資金使用率。

技巧 60 【觀念】台灣適合網格交易的交易標的

如果不知道怎麼選股，最簡單的方式就是尋找適合長期存股的標的，但某些適合存股的標的有一個缺點是波動率太低，導致網格交易非常不頻繁。若是你覺得選股太麻煩或擔心挑選到不良公司，ETF 是一個輕鬆省力的選擇。

在台股市場中，有超過 200 支 ETF 可供選擇，這讓人不禁困惑該如何挑選。ETF 類型繁多，包括針對特定概念股的「主題式 ETF」，如電動車、綠能、基礎建設、生物科技、半導體、電子、金融等，這些 ETF 由基金經理按照特定規則選股，並決定權重，但其內部規則往往不明確，且內部管理費用較高。「內部管理費用」是一個常被忽視的隱藏成本，每天從 ETF 的淨值中自動扣除，因此投資者並不會明顯感受到這些費用，但往往這些成本是長期投資不可忽視的。

舉例來說，如果 ETF 的內部管理費用為 3%，一年後 ETF 漲了 10%，實際上漲了13%，其中的 3% 已在這一年中的每個交易日平均分攤，這些隱藏成本雖然看似微不足道，但累積起來仍會影響收益。幸運的是，我們可以忽略眼花撩亂的主題式 ETF，避開內部管理費用過高的 ETF，而轉向市場指數型 ETF，這是一個更好的選擇。

> 🚀 **說明** 「指數股票型基金」（Exchange-Traded Fund，ETF）是一種投資基金，其投資組合的構成和表現與某個特定指數密切相關。ETF 的運作方式類似於股票，可以在證券交易所上市交易。這些 ETF 的目標是追蹤特定指數（如標準普爾 500 指數、道瓊工業平均指數等）的表現，透過持有構成該指數的股票或其他資產來實現這一目標。ETF 的投資組合，通常以市值加權的形式構成，這意謂著 ETF 中包含的各項資產權重與其市值成正比，例如：如果一家公司的市值占特定指數的總市值的 5%，那麼該公司在該指數相應的 ETF 中的權重也將是 5%。

目前台灣最受歡迎和知名的市場指數型 ETF 是 0050（元大台灣 50），我建議將 0050納入投資組合，或者考慮另一支類似的 ETF：006208（富邦台 50）。

如果你對 ETF 的內部管理費用很在意，或擔心指數型 ETF 的走勢會受到某些弱勢成分股的拖累，那麼你可能更願意自行選股，以提升投資績效。在儘量減少麻煩的前提下，一個簡單的方法是從指數型 ETF 的成分股中，按照權重排名來依序挑選你熟悉的產業和公司；除此之外，如果我們的風險忍受能力越高，或許也能考慮使用槓桿型 ETF。

> 🚀 **說明**　槓桿型 ETF 的運作方式，類似於一般的 ETF，它們通常追蹤特定指數（如標準普爾 500 指數）的表現，與一般 ETF 不同的是，槓桿型 ETF 使用衍生工具（如期貨或選擇權），來增加其投資組合的槓桿效果，這意謂著槓桿型 ETF 的價格波動將放大指數的變化幅度。

選擇槓桿型 ETF 進行網格交易的好處如下：

好處	說明
市場波動性放大	槓桿型 ETF 的特性，使得投資者可以放大市場波動性，這意謂著在價格波動較大的市場環境中，可以更容易利用網格交易策略進行快速交易。
槓桿效果增強收益	當市場表現良好時，槓桿型 ETF 可以放大投資者的收益，這使得網格交易可以更有效利用市場上升的趨勢，從而獲得更高的回報。

技巧 61 【觀念】回測網格交易要注意的事情

顧名思義，「網格交易歷史回測」就是透過歷史資料模擬網格交易。在歷史的情況下，這個網格交易會如何運作，以及計算網格交易在歷史的時間段當中，獲利爲多少、風險爲多少。

以下是幾個網格交易會需要注意的細節：

項目	說明
網格價格不等同於成交價格	回測時，需要先將網格的價位轉換為最靠近的委託價位。
歷史成交的判斷	要考慮到開盤價，有時金融商品的價格開盤波動很大，因此不能單純使用網格的價位作為成交價位。
資金配置	網格交易並非單進單出的回測方法，因此撰寫網格交易回測時，記得要考慮到總部位以及計算每次進出的績效。
除權息還原	網格交易需要考慮到還原除權息。由於網格交易都是直接以股價來進行實作，因此此不適合直接用還原除權息股價去回測，在計算績效時，要單獨考慮除權息的還原。

技巧62 【實作】爬蟲取得上市除權息結果表

要解決除權息對於股價的影響，我們得先取得除權息的歷史資料，才有辦法還原，本技巧將介紹如何透過 Python 去取得除權息歷史資料。

|STEP| **01** 先到證交所官方網站，點選「市場公告→除權除息計算結果表」，如圖 6-2 所示。

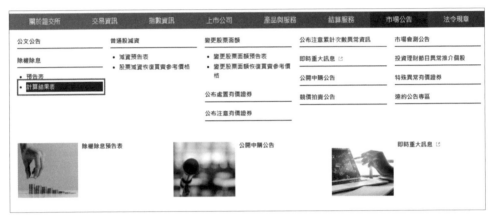

▲圖 6-2

|STEP| **02** 進入後，按 F12 鍵來開啟開發者介面。進入 NetWork 後，點選查詢，會出現 TWT49U 的網址，如圖 6-3 所示。

▲圖 6-3

|STEP| **03** 點開 TWT49U 的網址,可以取得除權息的歷史資料,如圖 6-4 所示。

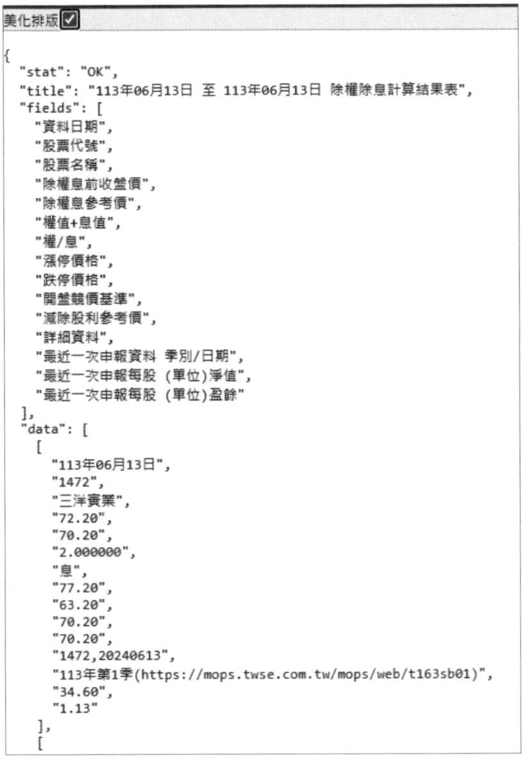

```
美化排版 ☑
{
  "stat": "OK",
  "title": "113年06月13日 至 113年06月13日 除權除息計算結果表",
  "fields": [
    "資料日期",
    "股票代號",
    "股票名稱",
    "除權息前收盤價",
    "除權息參考價",
    "權值+息值",
    "權/息",
    "漲停價格",
    "跌停價格",
    "開盤競價基準",
    "減除股利參考價",
    "詳細資料",
    "最近一次申報資料 季別/日期",
    "最近一次申報每股 (單位)淨值",
    "最近一次申報每股 (單位)盈餘"
  ],
  "data": [
    [
      "113年06月13日",
      "1472",
      "三洋實業",
      "72.20",
      "70.20",
      "2.000000",
      "息",
      "77.20",
      "63.20",
      "70.20",
      "70.20",
      "1472,20240613",
      "113年第1季(https://mops.twse.com.tw/mops/web/t163sb01)",
      "34.60",
      "1.13"
    ],
    [
```

▲圖 6-4

|STEP| **04** 我們透過 Python 去自動取得歷史的所有資料。

如下程式碼:

▌ 檔名:6_1_ 下載上市除權息結果表 .ipynb

```
# 載入必要套件
import pandas as pd
from json import loads
import requests
import os
from datetime import datetime

# 爬蟲抓取上市除權息結果表
today = datetime.now().strftime('%Y%m%d')
url = f'https://www.twse.com.tw/rwd/zh/exRight/TWT49U?startDate=20080101&endDate={today}&response=json&_=1706148539236'
```

```
html = requests.get(url)
dividend_data = loads(html.text)
dividend_table = pd.DataFrame(dividend_data['data'], columns=dividend_data['fields'])
dividend_table.head()
```

|STEP| **05** 執行後，可以看到從 2008-01-01 至今的除權息資料被抓到 Python 程式中，如圖 6-5 所示。

資料日期	股票代號	股票名稱	除權息前收盤價	除權息參考價	權值+息值	權/息	漲停價格	跌停價格	開盤競價基準	減除股利參考價	詳細資料	最近一次申報資料 季別/日期	最近一次申報每股(單位)淨值	最近一次申報每股(單位)盈餘
97年01月02日	3315	宜特	53.50	53.15	0.350000	權	57.20	49.45	53.50	53.50	3315,20080102	106年第2季 (https://mops.twse.com.tw/mops/web/t163...	22.67	-0.33
97年02月19日	2888	新光金	22.65	22.39	0.260000	權	24.20	20.85	22.65	22.65	2888,20080219	113年第1季 (https://mops.twse.com.tw/mops/web/t163...	16.53	0.20
97年02月27日	01005T	三商	8.17	7.82	0.346337	息	8.36	7.28	7.82	7.82	01005T,20080227	101年04月19日 (https://mops.twse.com.tw/mops/web/t...	14.57	N/A
97年03月03日	01008T	駿馬R1	9.10	8.83	0.269630	息	9.44	8.22	8.83	8.83	01008T,20080303	104年04月23日 (https://mops.twse.com.tw/mops/web/t...	19.91	N/A
97年03月04日	9105	泰金寶-DR	8.03	7.83	0.197400	息	8.37	7.29	7.83	7.83	9105,20080304	113年第1季 (https://mops.twse.com.tw/mops/web/t132...	2.36	0.05

▲ 圖 6-5

後續的技巧會應用在如何將網格策略的交易明細還原除權息。

技巧 63 【觀念】網格交易參數定義

本技巧將介紹網格交易參數，而什麼是網格交易參數呢？就是要執行網格策略時，需要考量的變數，不同的變數會影響網格執行的結果。

網格的設定流程如下：

|STEP| **01** 決定商品。

網格交易的第一步是挑選適合的股票，這些股票需要穩定成長、市場流動性好，以避免進場買不到、出場賣不掉。

|STEP| **02** 設定網格初始基準。

要為這些股票確定基礎倉位，也就是開倉時要買進的基礎股票數量，然後以這個基礎倉位的平均成本作為基準點，來計算上漲時應該賣出的價位和下跌時應該加碼買進的價位。

|STEP| *03* 設定網格間距。

通常會根據一定的間距來決定買賣股票的價位。例如：如果採用了 5% 的間距，那麼當股價上漲 5% 時，就賣出一部分持股；當股價下跌 5% 時，就加碼買入一些股票。

|STEP| *04* 設定每單位買賣數量。

另一個重要的概念是，每次買賣的單位數量通常以持有股票總數的 5% 作為單位。舉例來說，如果你計畫買入 20 張股票作為基礎倉位，那麼每次買賣的股票數量就是 20 乘以 5%，即一張股票，因此你需要有足夠的資金買入基礎倉位的股票，同時也要預留資金，以應對未來股價下跌時的分批買入。

上述提到的網格設定，會影響網格需要使用到的程式參數，接著將說明本書的網格策略會使用到的程式參數：

參數	說明
初始部位占總資金比例	代表回測一開始持有金融商品的比例占總資金的比例。
網格間距	每個網格之間的距離。
每個交易單位占總資金比例	每次網格委託總額占總資金的比例。
上漲與下跌的網格間距比	網格間距的調整，如果網格間距比為 2，下跌買進的網格間距為 3%，則上漲賣出的網格間距為 6%。

技巧 64 【實作】網格交易歷史回測演算法建構

網格交易歷史回測的程式碼基本上分為三個部分：

❖ 部位控管類別

首先介紹「部位控管類別」，這是用來管理網格分散式進出場的物件以及後續計算績效，該類別主要有幾個功能：

● 定義初始部位數量、金額。

● 進場。

● 出場。

● 查詢目前持有庫存。

以上四個功能的程式碼如下：

▌檔名：grid_backtest.py

```python
import pandas as pd
from json import loads
import requests
import os
from datetime import datetime


class trade():
    def __init__(self, init_time, init_price, init_unit):

        # 建立交易明細表
        self.position_table = pd.DataFrame({
            '進場時間': [init_time]*init_unit,
            '進場價格': [init_price]*init_unit,
            '出場時間': [None]*init_unit,
            '出場價格': [None]*init_unit,
        })

        # 股票最小跳動點價格集合
        self.stock_price_list = [i/100 for i in range(1, 1001)] + \
            [10+(i/100) for i in range(5, 4005, 5)] + \
            [50+(i/10) for i in range(1, 501)] + \
            [100+(i/10) for i in range(5, 4005, 5)] + \
            [500+(i) for i in range(1, 501)] + \
            [1000+(i) for i in range(5, 4005, 5)]

    def position(self):  # 查在倉部位
        return self.position_table[self.position_table['出場時間'].isna()].shape[0]

    def cover(self, time, price):  # 平倉
        excute_price = max(
            [i for i in self.stock_price_list if i <= round(price, 2)])
        for index, row in self.position_table.iterrows():
            if row['出場時間'] is None:
                self.position_table.loc[index, '出場時間'] = time
                self.position_table.loc[index, '出場價格'] = excute_price
                break

    def order(self, time, price):  # 新倉
```

```
excute_price = min(
    [i for i in self.stock_price_list if i >= round(price, 2)])
new_trade = pd.DataFrame(
    [[time, excute_price, None, None, self.position()+1]])
new_trade.columns = ['進場時間', '進場價格', '出場時間', '出場價格', '買進後持有']
self.position_table = pd.concat([self.position_table, new_trade])
self.position_table.reset_index(drop=True, inplace=True)
```

❖ 網格交易參數設定

　　介紹完「部位控管類別」後，我們來介紹建立網格交易歷史回測的參數設定，程式碼如下：

▍檔名：6_2_ 網格歷史回測演算法建構 .ipynb

```
# 載入必要套件與類別
import mplfinance as mpf
import matplotlib.pyplot as plt
import pandas as pd
import yfinance as yf
from grid_backtest import trade
plt.rcParams['font.sans-serif'] = ['Microsoft JhengHei']


# 網格交易參數設定

# 金融商品設定
symbol = '0050'
# 設定初始部位 (%)
init_ratio = 50
# 設定網格間距
grid_gap = round(0.08, 2)
# 設定交易單位 (%)
grid_unit = 5
# 初始部位是幾個交易單位
if init_ratio % grid_unit != 0:
    print('錯誤！初始部位要可以被交易單位整除')
init_unit = int(init_ratio / grid_unit)
# 上漲和下跌網格差距比率
up_down_grid_gap_diff = 1
```

❖ 網格交易策略演算法

最後是網格交易演算法的設計，我們先取得資料，再依照歷史資料來逐日模擬回測。

- 由於是用日頻率資料回測，所以每日優先執行賣出，再執行買進的操作，避免過度優化歷史績效。

- 到歷史資料的最後一天，將所有部位平倉來計算績效。

以上邏輯的程式碼如下：

▌檔名：6_2_ 網格歷史回測演算法建構 .ipynb

```python
# 取得要回測的歷史資料
data = yf.download(f'{symbol}.TW')
data1 = data.replace(0, None)
data = data1.ffill()
data.columns = [i.lower() for i in data.columns]


# 期初買入張數
init_time = data.index[0]
init_price = data.loc[data.index[0], 'open']
trade_position = trade(init_time, init_price, init_unit)


# 依照迴圈來跑網格
for index, row in data.iterrows():
    # 優先執行比較差的狀況 ( 賣出 ) 至少不會回測過度優化導致結果失真
    while row['open'] >= init_price * (1+grid_gap*up_down_grid_gap_diff):
        init_price *= (1+grid_gap*up_down_grid_gap_diff)
        trade_position.cover(index, row['open'])
    while row['high'] >= init_price * (1+grid_gap*up_down_grid_gap_diff):
        init_price *= (1+grid_gap*up_down_grid_gap_diff)
        trade_position.cover(index, init_price)
    # 再考慮 ( 買進 ) 的情況
    while row['open'] <= init_price * (1-grid_gap):
        init_price *= (1-grid_gap)
        if trade_position.position() < 100/grid_unit:
            trade_position.order(index, row['open'])
    while row['low'] <= init_price * (1-grid_gap):
        init_price *= (1-grid_gap)
        if trade_position.position() < 100/grid_unit:
            trade_position.order(index, init_price)
```

```
# 最後一天的資料 要把所有部位先出場 檢查總績效
while trade_position.position() > 0:
    trade_position.cover(index, row['close'])
```

輸入以下程式碼，就可以檢查這次回測的交易明細，如圖 6-6 所示。

▌檔名：6_2_ 網格歷史回測演算法建構 .ipynb

```
# 檢查進出紀錄
trade_position.position_table
```

	進場時間	進場價格	出場時間	出場價格	買進後持有
0	2008-01-02	60.009998	2008-02-25 00:00:00	60.0	NaN
1	2008-01-02	60.009998	2008-04-17 00:00:00	64.7	NaN
2	2008-01-02	60.009998	2008-07-23 00:00:00	54.2	NaN
3	2008-01-02	60.009998	2008-10-31 00:00:00	35.75	NaN
4	2008-01-02	60.009998	2008-12-01 00:00:00	32.45	NaN
...	...	...	...	...	...
66	2022-05-10	122.500000	2022-11-15 00:00:00	111.0	2.0
67	2022-07-01	112.500000	2023-01-30 00:00:00	120.5	3.0
68	2022-09-22	110.500000	2023-06-13 00:00:00	130.0	3.0
69	2022-10-03	102.500000	2024-02-15 00:00:00	142.0	4.0
70	2024-04-19	150.500000	2024-05-10 00:00:00	162.0	1.0

71 rows × 5 columns

▲圖 6-6

以這次回測的結果來看，0050 從 2008 年 1 月 2 日至 2024 年 6 月 12 日，總共出現 71 次交易進出，網格間距設定 8%，每次交易占總資金 5%，也就代表最多持有 20 個單位。

技巧 65 【實作】回測進行除權息還原

延續上一技巧，本技巧將介紹如何將網格回測後的交易明細去還原除權息，以讓之後的績效計算不會失真。

還原除權息，需要使用證交所的除權息結果計算表，可以參考前幾個技巧，而本技巧將介紹如何透過除權息資料與網格歷史交易明細去做還原除權息的動作。本書的作法會針對除權的金額，去加回到單次的績效當中。

我們要檢視的是「部位控管」的程式碼，在 trade 這個類別，應用於除權息還原的方法主要有兩個：

- convertYearFormat：轉換民國日期至西元日期。

- RestoreRetur：取得除權息資料，並針對交易明細去做除權息還原。

程式碼如下：

▌檔名：grid_backtest.py

```python
class trade():
    ...

    def convertYearFormat(self, date):  # 轉換年份
        # date = '108 年 01 月 02 日'
        date1 = date.replace(' 年 ', '-').replace(' 月 ', '-').replace(' 日 ', '')
        date2 = date1.split('-')
        date3 = '-'.join([str(int(date2[0])+1911), date2[1], date2[2]])
        return date3


    def restoreReturn(self, symbol):
        dirname = "data"
        if not os.path.exists(dirname):
            os.makedirs(dirname)
        dividend_filename = f"{dirname}/ 上市除權息表 .csv"
        if not os.path.exists(dividend_filename):
            today = datetime.now().strftime("%Y%m%d")
            url = f"https://www.twse.com.tw/rwd/zh/exRight/TWT49U?startDate=20080101&endDate={today}&response=json&_=1706148539236"
            html = requests.get(url)
            dividend_data = loads(html.text)
            dividend_table = pd.DataFrame(
                dividend_data["data"], columns=dividend_data["fields"]
            )
            dividend_table.to_csv(dividend_filename, index=False, encoding="cp950")
        else:
            dividend_table = pd.read_csv(dividend_filename, encoding="cp950")
        # 民國日期處理
        dividend_table[" 西元日期 "] = dividend_table[" 資料日期 "].apply(
            self.convertYearFormat
        )
        dividend_table_one = dividend_table[dividend_table[" 股票代號 "] == symbol]
        dividend_table_one[" 西元日期 "] = pd.to_datetime(
            dividend_table_one[" 西元日期 "] + " 09:00"
        )
```

```
# 判斷每一筆交易當中有沒有包含除權息的資料
self.position_table["還原除權息"] = 0
for index, row in self.position_table[
    self.position_table["出場時間"].notna()
].iterrows():
    # 每一筆交易明細都要判斷每個除權息日
    for index1, row1 in dividend_table_one.iterrows():
        if (row["進場時間"] <= row1["西元日期"]) and (
            row["出場時間"] >= row1["西元日期"]
        ):
            self.position_table.loc[index, "還原除權息"] += row1["權值＋息值"]
```

　　接著，我們在回測程式中，執行還原除權息的方法，操作延續上一技巧，程式碼如下。我們可以檢查還原除權息後的交易明細，如圖 6-7 所示（可與圖 6-6 互相比對）。

▌檔名：6_2_ 網格歷史回測演算法建構 .ipynb

```
# 還原除權息
trade_position.restoreReturn(symbol)
# 檢查進出紀錄
trade_position.position_table
```

	進場時間	進場價格	出場時間	出場價格	買進後持有	還原除權息
0	2008-01-02	60.009998	2008-02-25 00:00:00	60.0	NaN	0.0
1	2008-01-02	60.009998	2008-04-17 00:00:00	64.7	NaN	0.0
2	2008-01-02	60.009998	2008-07-23 00:00:00	54.2	NaN	0.0
3	2008-01-02	60.009998	2008-10-31 00:00:00	35.75	NaN	2.0
4	2008-01-02	60.009998	2008-12-01 00:00:00	32.45	NaN	2.0
...	...	...	...	...	...	...
66	2022-05-10	122.500000	2022-11-15 00:00:00	111.0	2.0	1.8
67	2022-07-01	112.500000	2023-01-30 00:00:00	120.5	3.0	1.8
68	2022-09-22	110.500000	2023-06-13 00:00:00	130.0	3.0	2.6
69	2022-10-03	102.500000	2024-02-15 00:00:00	142.0	4.0	7.5
70	2024-04-19	150.500000	2024-05-10 00:00:00	162.0	1.0	0.0

71 rows × 6 columns

▲ 圖 6-7

以結果來看，我們可看到執行過還原除權息的回測明細，多了一個「還原除權息」欄位。

技巧66 【實作】歷史回測報酬率計算以及繪製報酬率曲線圖

延續上一技巧，本技巧將介紹如何計算歷史回測的報酬率。本書中的網格交易回測，是採用總資金占比的方式進行部位控管，因此本技巧會使用報酬率的方式來計算網格交易的績效，這較容易評估不同參數之間的優劣。

以下是計算績效的流程：

|STEP| **01** 計算出單筆績效，並還原除權息。

|STEP| **02** 將還原除權息獲利除上進場價格，來計算出單筆的報酬率。

|STEP| **03** 將單筆報酬率乘上每次進場的比例，來換算出單次進出場對總資金的報酬率。

|STEP| **04** 將所有的單次進出場對總資金的報酬率相加，可以得到回測總報酬率。

|STEP| **05** 將回測總報酬率再換算為年化報酬率。

計算績效的程式碼如下：

▍檔名：6_2_ 網格歷史回測演算法建構 .ipynb

```
# 報酬率計算
position_table = trade_position.position_table
position_table['單筆報酬'] = (position_table['出場價格'] - position_table['進場價格'] +
                        position_table['還原除權息'])
position_table['單筆報酬率'] = position_table['單筆報酬'] / \
    position_table['進場價格'] * (grid_unit/100)
total_return = (position_table['單筆報酬率']).sum() + 1
print(f'總報酬率:{round(total_return-1,4)}')
yearly_return = total_return ** (1/(data.shape[0]/252))-1
print(f'年化報酬率:{round(yearly_return,4)}')
```

執行結果如下，代表著該次回測的總報酬率為 64%，年化報酬率為 3%。

```
總報酬率:0.6475
年化報酬率:0.0317
```

接著，繪製出報酬率曲線圖及每個時間點的資金使用比例，程式碼如下：

▌檔名：6_2_ 網格歷史回測演算法建構 .ipynb

```
# 繪製報酬率圖
(position_table.set_index('進場時間')['單筆報酬率']).cumsum().plot(label='報酬率累進圖',legend=True)
(position_table.set_index('進場時間')['買進後持有']).plot(label='資金使用率',legend=True,
secondary_y=True)
```

　　執行結果，如圖 6-8 所示。以結果圖來看，可以發現除了 2008 年的資金使用率較高以外，後續的資金使用率都不高，可能的問題是網格間距設定過寬，導致交易頻率太低。

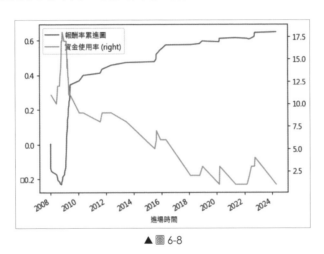

▲ 圖 6-8

技巧 67 【實作】繪製 K 線圖與網格下單點位圖

　　延續上一技巧，本技巧將介紹如何繪製每次網格交易的進出場點位，也能順便檢視網格交易歷史回測的正確性。

　　由於本書中繪製進出場點位的主要圖表是使用 K 線圖，因此繪製下單點位時，也需要考慮到 mplfinance 套件的使用方式，mplfinance 套件的副圖使用方式是提供一個與 K 線圖表相同長度的序列，然後記錄進出場的價位。程式的作法是將進出場明細與 K 線資料合併後，再進行繪製，程式碼如下：

▌檔名：6_2_ 網格歷史回測演算法建構 .ipynb

```
# 繪製 K 線圖與下單點位
addp = []
data1 = pd.concat([data, position_table.groupby('進場時間')['進場價格'].first()], axis=1)
data1 = pd.concat([data1, position_table.set_index('出場時間')[
```

```
                            '出場價格'].groupby('出場時間').first()], axis=1)
    addp.append(mpf.make_addplot(data1['進場價格'],
                                  scatter=True,
                                  marker='^',
                                  color='r'))
    addp.append(mpf.make_addplot(data1['出場價格'],
                                  scatter=True,
                                  marker='v',
                                  color='g'))
    mcolor = mpf.make_marketcolors(up='red', down='green', inherit=True)
    mstyle = mpf.make_mpf_style(base_mpf_style='yahoo', marketcolors=mcolor)
    mpf.plot(data, type='candle', addplot=addp, style=mstyle, warn_too_much_data=999999)
```

執行結果，如圖6-9所示。以結果圖來看，可看到後續近幾年的交易次數頻率降低，是策略參數可以調整的方向之一。

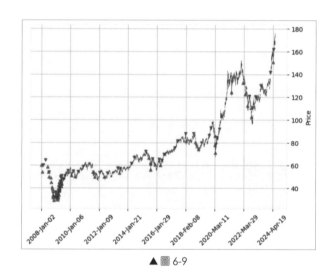

▲圖6-9

技巧68 【實作】網格回測實測買進賣出不同間距

延續上一技巧，讀者已經操作完所有的網格交易回測的流程了，接著可以調整參數來看不同的回測結果。

本技巧著重在設定買進賣出不同間距的參數上，由於以往的網格交易買進與賣出都是相同的間距，但考慮到股票市場長期正報酬的特徵，因此如果在股票上我們採取買賣相同間距，很有可能會過早賣出所有持股，並且產生後期資金使用率不高的情況，而解決方案是將賣出的網格間距設定大一點，買進的網格間距設定小一點，長期下來就會比較平均一點。

　　舉例而言，我們的下跌買進網格間距設定為 2.5%，網格上漲與下跌比設為 2，則上漲需要 5% 才會賣出一單位，程式碼如下：

▌ 檔名：6_3_ 網格歷史回測調整參數 .ipynb

```
# 金融商品設定
symbol = '0050'
# 設定初始部位 (%)
init_ratio = 50
# 設定網格間距
grid_gap = round(0.025, 2)
# 設定交易單位 (%)
grid_unit = 5
# 初始部位是幾個交易單位
if init_ratio % grid_unit != 0:
    print(' 錯誤！初始部位要可以被交易單位整除 ')
init_unit = int(init_ratio / grid_unit)
# 上漲和下跌網格差距比率
up_down_grid_gap_diff = 2
```

　　接著，我們依序執行「6_3_ 網格歷史回測調整參數 .ipynb」後續的程式碼，並且繪製出資金使用效率圖，可以發現資金使用率大大提升，如圖 6-10 所示。

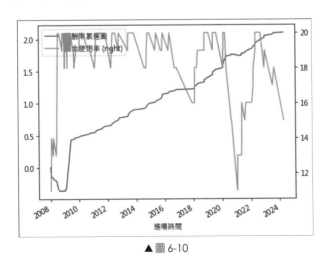

▲ 圖 6-10

技巧 69 【實作】網格回測參數最佳化

延續上一技巧，除了我們手動去調整策略參數以外，我們也可透過程式碼去進行各項參數的最佳化。最佳化要考慮以下兩點：

- 最佳化的參數。

- 最佳化追求的績效指標是什麼。

以本書的這個案例來說，我們要最佳化的參數為：

- 網格間距（%）。

- 進場每單位占總資金的比例（%）。

- 上漲和下跌的比例。

而我們要追求的績效指標，可以是最大報酬率、最小風險、夏普比率等，本技巧將以最高的平均年化報酬為目標，程式碼如下：

▌檔名：6_4_網格歷史回測最佳化 .ipynb

```
# 取得要回測的歷史資料
symbol = '0050'
data = yf.download(f'{symbol}.TW')
data1 = data.replace(0, None)
data = data1.ffill()
data.columns = [i.lower() for i in data.columns]

# 記錄最佳化績效
trade_performance = []
for i, j, k in [[i/100, j, k]
                for i in range(2, 11, 2)
                for j in [5, 20, 25]
                for k in [1.6, 1.8, 2, 2.2]]:
    # 設定初始部位 (%)
    init_ratio = 50
    # 設定網格間距
    grid_gap = round(i, 2)
    # 設定交易單位 (%)
    grid_unit = j
    # 初始部位是幾個交易單位
    if init_ratio % grid_unit != 0:
```

```
        print('錯誤！初始部位要可以被交易單位整除')
init_unit = int(init_ratio / grid_unit)
# 上漲和下跌網格差距比率
up_down_grid_gap_diff = k

# 期初買入張數
init_time = data.index[0]
init_price = data.loc[data.index[0], 'open']
trade_position = trade(init_time, init_price, init_unit)
# 依照迴圈來跑網格
for index, row in data.iterrows():
    # 優先執行比較差的狀況（賣出）至少不會回測過度優化導致結果失真
    while row['open'] >= init_price * (1+grid_gap*up_down_grid_gap_diff):
        init_price *= (1+grid_gap*up_down_grid_gap_diff)
        trade_position.cover(index, row['open'])
    while row['high'] >= init_price * (1+grid_gap*up_down_grid_gap_diff):
        init_price *= (1+grid_gap*up_down_grid_gap_diff)
        trade_position.cover(index, init_price)
    # 再考慮（買進）的情況
    while row['open'] <= init_price * (1-grid_gap):
        init_price *= (1-grid_gap)
        if trade_position.position() < 100/grid_unit:
            trade_position.order(index, row['open'])
    while row['low'] <= init_price * (1-grid_gap):
        init_price *= (1-grid_gap)
        if trade_position.position() < 100/grid_unit:
            trade_position.order(index, init_price)

# 最後一天的資料 要把所有部位先出場 檢查總績效
while trade_position.position() > 0:
    trade_position.cover(index, row['close'])
# 報酬率計算
trade_position.restoreReturn(symbol)
position_table = trade_position.position_table
position_table['單筆報酬'] = (position_table['出場價格'] - position_table['進場價格'] +
                    position_table['還原除權息'])
position_table['單筆報酬率'] = position_table['單筆報酬'] / \
    position_table['進場價格'] * (grid_unit/100)
total_return = (position_table['單筆報酬率']).sum() + 1
yearly_return = total_return ** (1/(data.shape[0]/252))-1
# 記錄最佳化參數與績效
```

```
trade_performance.append([i, j, k, yearly_return])

print(f'{i}, {j}, {k} 年化報酬率 :{yearly_return}')
```

\# 最佳化績效檢視

```
pdf = pd.DataFrame(trade_performance)
```

執行完的結果，會儲存在 pdf（profit dataframe）這個變數當中，再透過以下程式碼進行參數與目標的排序。

▎檔名：6_4_ 網格歷史回測最佳化 .ipynb

```
pdf.columns = ['網格間距', '交易單位', '上下網格差距比率', '年化報酬率']
pdf.sort_values(by='年化報酬率', ascending=False, inplace=True)
pdf
```

執行結果，如圖 6-11 所示。我們可看到參數集及相對應的年化報酬率。

網格間距	交易單位	上下網格差距比率	年化報酬率
0.08	5	2.2	0.099338
0.08	5	2.0	0.096877
0.08	5	1.8	0.095890
0.02	25	1.8	0.094901
0.02	25	1.6	0.093953
0.02	25	2.0	0.092275
0.08	5	1.6	0.092085
0.06	5	2.2	0.089348
0.02	20	1.8	0.088372
0.02	20	1.6	0.087899

▲ 圖 6-11

07

串接台股下單及帳務函數

本章介紹如何串接台股下單和帳務功能，涵蓋國內證券券商 API 的介紹與安裝，並詳細講解如何取得股票當日基準價及漲跌停價、查詢未平倉部位、進行股票委託下單、刪單與改價等操作，最後實作串接委託與成交回報功能。

技巧 70 【觀念】國內證券券商 API 介紹

本書將會介紹程式自動化交易的實作流程，本技巧將介紹國內證券券商 API，首先簡單介紹一下 API。

API（Application Programming Interface，應用程式介面）是一組工具，用於建立應用程式軟體，API 允許不同的系統之間進行溝通和資料交換，並提供一種標準化的方法來實現特定服務或功能，例如：證券券商的 API 可以讓開發者編寫程式，來自動化股票交易操作，如查詢股價、下單買賣股票等。透過 API，開發者能夠簡化複雜的操作流程，實現系統間的整合和自動化。

了解 API 是什麼後，接著將介紹程式交易的流程，進而帶讀者了解串接 API 的實際需求。要了解程式自動交易的操作原理，先想像一下應該如何進行手動交易，以往我們在進行交易的時候，會透過券商所提供的看盤軟體，觀察軟體中所提供的資訊，並做出交易決策，最後透過看盤軟體進行下單。

而程式交易的整體流程也是一樣的，只不過一切會透過程式進行運作。舉例而言，以往我們查看看盤軟體的動作，會透過取得即時報價來取代；手動點擊下單的動作，會透過 Python 串接下單指令，而原本的主觀交易邏輯也會量化為交易演算法去進行判斷，常見的交易演算法有指標計算、策略進出場判斷等。

本書所運用的「網格交易」實單交易環境，將會透過國內券商的 API 來進行帳務、交易委託的串接，全部流程皆透過 Python 進行，以達到自動化交易的目的，關於程式交易的流程圖，如圖 7-1 所示。

▲ 圖 7-1

技巧71 【實作】國內證券券商 API 安裝

　　台灣目前有提供 API 的幾間券商當中，每間券商發行 API 的作法都稍微有些不同，有些券商直接將 Python 套件公開發行，我們只需要透過 pip 進行安裝即可，有些券商需要獨立安裝 whl 檔（Python 的套件安裝檔），依照不同的券商有不同的作法。

　　本書將透過元富數位 API 來進行套件安裝的介紹。

|STEP| **01** 先至元富數位的官方網站[*1]下載 Python whl 檔。以本書為例，只需要安裝下單 API 的 Python 版本，如圖 7-2 所示。

▲圖 7-2

|STEP| **02** 下載完成後，解壓縮至指定路徑。筆者的習慣是放置在專案底下的 api 資料夾，如圖 7-3 所示。

▲圖 7-3

---

*1　元富數位的官方網站：[URL] https://mlapi.masterlink.com.tw/web_api/service/home#download。

|STEP| **03** 透過終端機來進行套件的安裝，在 VSCode 上方輸入「>」，並選擇「開啟終端機」，
如圖 7-4 所示。

▲ 圖 7-4

|STEP| **04** 在終端機內，輸入指令：「pip install .\api\MasterTradePy\64bit\ 特定版本號 .whl」。

▲ 圖 7-5

|STEP| **05** 安裝成功後，通常最後一行會出現「Successfully installed 套件名稱」，如此就完成套
件安裝了。

技巧72 【實作】取得股票當日基準價、漲跌停價

本技巧將介紹如何透過 Python 去查詢當日股價的基準價、漲跌停價。「查詢漲跌停價
格」最主要會使用到的部分是，網格交易策略會在盤前將所有網格的委託單佈置好，因
此我們需要知道網格能夠佈置委託單的範圍，因為台灣股票有漲跌幅 10% 的限制。

查詢所使用到的方法為 ReqBasic ()，並從繼承 MarketTrader 類別的物件的 OnReqResult
回傳函數中取得結果。

範例程式碼請參考券商提供的 sample.py 進行範例執行。執行結果如下：

```
python .\api\MasterTradePy\64bit\sample.py 帳號 密碼 False True False
OnAnnouncementEvent: 證券交易驗證公告內文 : 證券登入公告
期貨交易驗證公告內文 : 期貨登入公告
證券帳號已驗證，連線正式主機 ! ! !

SSO 登入成功
...
0：結束
1：下單
2：改量
3：改價
4：查詢委託回報
5：查詢成交回報
6：期初庫存
7：庫存
8：或有券源
9：資券配額
1
請輸入欲買進股票代號：2330
workid=qid1，證券基本資料：股票代號 =2330，參考價 =906，漲停價 =996，跌停價 =815
請輸入下單帳號：
```

從互動式的執行過程中可發現，當我們輸入「2330」時，程式會執行 ReqBasic () 方法，並取得回傳顯示在畫面上。

> 🚀 **說明**   隨著版本更新，無法避免的是書中的內容會與最新的版本稍有差異，請以券商 API 官方說明文件為準。

技巧73 【實作】取得股票目前未平倉部位

本技巧將介紹如何透過 Python 查詢當日未平倉的部位。此功能最主要會使用到的部分是，網格交易策略在委託賣出時，需要優先取得我們目前的部位，並依照未平倉部位去平均分攤我們要賣出的股數。

　　查詢所使用到的方法為「查詢開盤前庫存：ReqInventoryOpen()」、「查詢盤中庫存：ReqInventoryRayinTotal()」，並從繼承 MarketTrader 類別的物件的 OnReqResult 回傳函數中取得結果。

　　範例程式碼請參考券商提供的 sample.py 進行範例執行。執行結果如下：

```
python .\api\MasterTradePy\64bit\sample.py 帳號 密碼 False True False
OnAnnouncementEvent: 證券交易驗證公告內文 ： 證券登入公告
期貨交易驗證公告內文 ： 期貨登入公告
證券帳號已驗證，連線正式主機 !!!

SSO 登入成功
…
0: 結束
1: 下單
2: 改量
3: 改價
4: 查詢委託回報
5: 查詢成交回報
6: 期初庫存
7: 庫存
8: 或有券源
9: 資券配額
6
請輸入下單帳號：你的交易帳號
workid=qid1, 期初庫存資料：商品代碼:00631L, 集保庫存股數:XXX, 融資庫存股數 :0, 融券庫存
股數 :0, 零股庫存股數:XXX
```

　　從互動式的執行過程中可發現，當我們輸入「6」時，程式會執行「查詢開盤前庫存：ReqInventoryOpen()」這個方法，並取得回傳顯示在畫面上。

> 🚀 說明　隨著版本更新，無法避免的是書中的內容會與最新的版本稍有差異，請以券商 API 官方說明文件為準。

技巧 74 【實作】股票委託下單

本技巧將介紹如何透過 Python 去委託下單。此功能主要在網格交易策略進行網格佈單時使用，需要將每一個委託價都進行委託。

查詢所使用到的方法為 NewOrder ()，其中該方法會帶入到許多券商自行定義物件，例如：「交易方式」、「買賣」、「委託類型」等，並從繼承 MarketTrader 類別的物件的 OnReqResult 回傳函數中取得結果。

範例程式碼請參考券商提供的 sample.py 進行範例執行。執行結果如下：

```
python .\api\MasterTradePy\64bit\sample.py 帳號 密碼 False True False
OnAnnouncementEvent: 證券交易驗證公告內文 ： 證券登入公告
期貨交易驗證公告內文 ： 期貨登入公告
證券帳號已驗證，連線正式主機 !!!

SSO 登入成功
...
0: 結束
1: 下單
2: 改量
3: 改價
4: 查詢委託回報
5: 查詢成交回報
6: 期初庫存
7: 庫存
8: 或有券源
9: 資券配額
1
請輸入欲買進股票代號 :0050
workid=qid3, 證券基本資料 : 股票代號 =0050, 參考價 =176.4, 漲停價 =194, 跌停價 =158.8
請輸入下單帳號 : 交易帳號
請輸入欲買進股票價格 ( 空白表示市價下單 ):158.8
請輸入欲買進股票股數 (1 張請輸入 1000):1000
請輸入類別 (I:IOC, F:FOK, 其他 :ROD):IOC
已送出委託
RPT:TwsNew
回報資料 : 委託書號 =h0144, 股票代號 =0050, 委託價格 =158.8, 委託股數 =1000, 訊息 = 新單 1000
股 OK!, 狀態 =101) 委託已接受 ( 交易所已接受 )
```

從互動式的執行過程中可發現，券商 API 會自動幫我們掛出限價委託單，並且取得回傳顯示在畫面上，這部分測試下單建議完整查看範例檔 sample.py 以後，再進行測試。

> 🚀 **說明**　隨著版本更新，無法避免的是書中的內容會與最新的版本稍有差異，請以券商 API 官方說明文件為準。

技巧 75 【實作】股票委託刪單

本技巧將介紹如何透過 Python 去委託下單。此功能主要在網格交易策略每次有成交時使用，當成交後，需要將以前的委託單刪單。

查詢所使用到的方法為「改量：ChangeOrderQty ()」，而刪單其實就是將委託單股數改為「0」即可，並從繼承 MarketTrader 類別的物件的 OnReqResult 回傳函數中取得結果。

範例程式碼請參考券商提供的 sample.py 進行範例執行。執行結果如下：

```
python .\api\MasterTradePy\64bit\sample.py 帳號 密碼 False True False
OnAnnouncementEvent: 證券交易驗證公告內文 : 證券登入公告
期貨交易驗證公告內文 : 期貨登入公告
證券帳號已驗證，連線正式主機！！！

SSO 登入成功
...
0：結束
1：下單
2：改量
3：改價
4：查詢委託回報
5：查詢成交回報
6：期初庫存
7：庫存
8：或有券源
9：資券配額
2
請輸入單號：h0144
請輸入下單帳號：交易帳號
請輸入股票股數 (1 張請輸入 1000)：0 <- 刪單改為 0
RPT:TwsChg
```

回報資料：委託書號 =h0144，股票代號 =0050，委託價格 =None，委託股數 =None，成交股數 =None，訊息 = 刪 1000 股成功，狀態 =101) 委託已接受（交易所已接受）
已送出委託

從互動式的執行過程中可發現，修改量爲「0」後，會直接將其委託單刪除，這部分測試下單建議完整查看範例檔 sample.py 以後，再進行測試。

> 🚀 **說明** 隨著版本更新，無法避免的是書中的內容會與最新的版本稍有差異，請以券商 API 官方說明文件爲準。

技巧 76 【實作】串接股票委託、成交回報

本技巧將介紹如何透過 Python 去委託下單。此功能最主要會使用到的部分是，網格交易策略需要在一段時間去檢查每個委託單的成交狀況，若有完全成交，則需要重新佈單。

查詢所使用到的方法爲「委託查詢：QryRepAll ()」、「成交查詢：QryRepDeal ()」，並從繼承 MarketTrader 類別的物件中的 OnReqResult 回傳函數中取得結果。

範例程式碼請參考券商提供的 sample.py 進行範例執行。執行結果如下：

```
python .\api\MasterTradePy\64bit\sample.py 帳號 密碼 False True False
OnAnnouncementEvent: 證券交易驗證公告內文 ： 證券登入公告
期貨交易驗證公告內文 ： 期貨登入公告
證券帳號已驗證，連線正式主機 !!!

SSO 登入成功
...
0: 結束
1: 下單
2: 改量
3: 改價
4: 查詢委託回報
5: 查詢成交回報
6: 期初庫存
7: 庫存
8: 或有券源
9: 資券配額
4
```

請輸入下單帳號：交易帳號
ORD:TwsOrd
回報資料：委託書號 =h0075，股票代號 =00631L，委託股數 =xxx，成交股數 =，訊息 =，狀態 =101)
委託已接受（交易所已接受）
...
0： 結束
1： 下單
2： 改量
3： 改價
4： 查詢委託回報
5： 查詢成交回報
6： 期初庫存
7： 庫存
8： 或有券源
9： 資券配額
5
請輸入下單帳號：交易帳號
帳號：**交易帳號** 無成交資料

　　從互動式的執行過程中可發現，取得委託、成交回報都必須要輸入交易帳號，這部分
測試下單建議完整查看完範例檔 sample.py 以後，再進行測試。

> 🚀 **說明**　隨著版本更新，無法避免的是書中的內容會與最新的版本稍有差異，請以券商 API 官
> 方說明文件為準。

實戰台股網格自動化交易

本章介紹如何實戰台股網格自動化交易，涵蓋從交易流程、參數設定到自定義各類委託函數的實作，包括固定額度委託、刪單、網格佈單及成交判斷。此外，還指導如何申請 Line Notify 進行訊號推播監控，以及設定排程自動執行網格交易，實現全自動化交易操作。

本書中所提供的範例程式僅為教學範例，並不適合直接進行投資操作，建議讀者完整了解內部程式碼後，再進行適度的測試。

技巧 77 【觀念】網格交易實單交易流程

本技巧將介紹網格實單交易的完成程序。實單交易與回測不同的是，「回測」是依據歷史資料去模擬實際的網格交易策略運作過程，但「實單交易」是直接與券商串接，並進行下單，需要考慮到的事情又更多。

以下將詳細闡述網格交易的實作流程，包括設定策略、操作步驟、檢查和調整的細節。

|STEP| **01 寫好網格策略設定檔。**

我們需要根據投資者的需求和金融商品的市場狀況，來撰寫網格策略設定檔。設定檔應包括以下的內容：

- 商品名稱。

- 期初庫存的百分比（％）。

- 網格區間。

- 每單位占總資金的百分比（％）。

- 買入和賣出的網格區間比率（例如：每間隔 1% 設置一個網格）。

|STEP| **02 登入元富交易 API。**

在進行交易之前，需要使用元富交易 API 進行登入，這一步驟要求配置 API 憑證，包括帳號和密碼等。登入成功後，可透過 API 進行後續的交易操作，請參考第 7 章。

|STEP| **03 刪除所有剩餘未成交單。**

在開始執行網格交易之前，必須確保清除所有之前的剩餘未成交單，以避免影響新的交易策略執行，可以使用 API 提供的功能查詢和刪除未成交單。

|STEP| **04 佈置網格委託單。**

根據策略設定檔中的價格區間，逐一設定買入和賣出的委託單。每個委託單應包括：

- 委託價格。

- 買入或賣出的數量。

|STEP| **05 定期檢查成交狀況。**

定期（例如：每分鐘或每小時）檢查委託單的成交狀況，以確保策略按計畫執行。如果有委託單完全成交，則進行以下的流程：

- 判斷是否有完全成交的委託價位（包括零股和整股）。

- 根據成交狀況修改策略設定檔，例如：調整網格基準、庫存比例等。

- 刪除所有現有的委託單。

- 根據新的策略重新佈置委託單。

　　以下的技巧會用循序漸進的方式，來闡述及建立網格交易的思考脈絡。

技巧78 【實作】網格實單參數設定

　　本技巧將透過 config.ini 檔來進行「網格交易策略」的參數設定，在 Github 專案中可以看到 config.ini.temp，讀者可以自行將其複製為 config.ini，並將參數改為自己需要的，如果不太清楚每個參數所代表的意涵，可以參考前面歷史回測章節中的網格交易參數介紹。

▌檔名：config.ini.temp

```
[account]
id = 元富帳號
password = 元富密碼

[parameters]
symbol = 交易商品，ex：2330 股票代碼
strategy_amount = 交易總額，ex：1000000，則代表最多持有的股票成本
init_price = 基準價格，ex：策略期初持有的成本價
init_ratio = 目前策略持有部位比例，ex：80 代表目前持有占總資金 80%
grid_gap = 網格間距，ex：0.02 代表每網格間距為 2%
grid_unit = 網格每單位比例，ex：5 代表每單位占總資金 5%
up_down_grid_gap_diff = 賣出網格間距 / 買進網格間距，ex：1.4，代表買進間隔為 5%，賣出間隔為 7%
```

　　舉例來說，我們調整完成後，如以下檔案內容所示：

▌檔名：config.ini

```
[account]
id = A12XXXXXXX
password = PASSWORD

[parameters]
symbol = 00631L
strategy_amount = 300000
```

```
init_price = 233.5
init_ratio = 50.0
grid_gap = 0.04
grid_unit = 5
up_down_grid_gap_diff = 2.2
```

技巧 79 【實作】自定義固定額度委託函數

本技巧將介紹在網格交易當中，我們會使用到的自定義下單函數，該函數的功用是輸入商品代號、價格、總額，就可以針對價格與總額來自動計算委託股數，不滿 1000 股自動委託零股交易。

❖ ConcreteMarketTrader 類別與 OrderStockLMT 方法

ConcreteMarketTrader 類別繼承自 MarketTrader，包含了一個名為「OrderStockLMT」的方法，用於執行限價委託（LMT）下單操作，該方法能夠同時處理整股和零股的委託下單。

▌檔名：8_1_ 網格交易實單程式 _ 元富版本 .py

```
class ConcreteMarketTrader(MarketTrader):
…（中間忽略）
```

❖ OrderStockLMT 方法的參數

OrderStockLMT 方法接收以下的參數：

參數	說明
bs	買賣操作類型，接受 "Buy" 或 "Sell"。
symbol	股票代碼。
price	下單價格。
qty	下單數量（股數）。

▌檔名：8_1_ 網格交易實單程式 _ 元富版本 .py

```
    def OrderStockLMT(self, bs, symbol, price, qty):  # 網格下單
```

❖ 分離整股與零股

在進行下單操作時，先將數量拆分為「整股」和「零股」兩部分。

▌檔名：8_1_ 網格交易實單程式 _ 元富版本 .py

```
odd_qty = qty % 1000
normal_qty = qty - odd_qty
```

❖ 設定買賣操作類型

根據 bs 參數設定買賣操作類型。如果 bs 為 Buy，設定 order_side 為買入；如果 bs 為 Sell，設定為賣出；如果 bs 為其他值，則直接回傳。

▌檔名：8_1_ 網格交易實單程式 _ 元富版本 .py

```
# 先下整股
order_side = Side.Buy
if bs == "Buy":
    order_side = Side.Buy
elif bs == "Sell":
    order_side = Side.Sell
else:
    return
```

依序下整股、零股訂單，如果 normal_qty 不為 0，則先下整股訂單；如果 odd_qty 不為 0，則下零股訂單。

▌檔名：8_1_ 網格交易實單程式 _ 元富版本 .py

```
if normal_qty != 0:
    order = Order(
        tradingSession=TradingSession.NORMAL,
        side=order_side,
        symbol=self.symbol,
        priceType=PriceType.LMT,
        price=str(price),
        tradingUnit=TradingUnit.COMMON,
        qty=str(normal_qty),
        orderType=OrderType.ROD,
        tradingAccount=self.accounts[0],
        userDef="",
    )
    rcode = self.api.NewOrder(order)
# 再下零股
if odd_qty != 0:
```

```
order = Order(
    tradingSession=TradingSession.ODD,
    side=order_side,
    symbol=self.symbol,
    priceType=PriceType.LMT,
    price=str(price),
    tradingUnit=TradingUnit.ODD,
    qty=str(odd_qty),
    orderType=OrderType.ROD,
    tradingAccount=self.accounts[0],
    userDef="",
)
rcode = self.api.NewOrder(order)
```

之後，在網格策略佈單函數中會引用到該函數。

技巧80 【實作】自定義全部刪單函數

本技巧將介紹在網格交易當中，我們會使用到的自定義刪單函數，該函數的功用是自動將該帳戶的特定金融商品的委託單依序全部刪除。由於券商並沒有提供批次刪除的功能，所以我們透過迴圈一一刪除所有委託單。

❖ ConcreteMarketTrader 類別與 DeleteAllOrder 方法

ConcreteMarketTrader 類別繼承自 MarketTrader，包含了一個名為「DeleteAllOrder」的方法，該方法可將目前所有未成交的訂單逐一刪除，這可確保在重新佈置網格交易策略時，不會受到之前遺留訂單的影響。

我們先使用 GetOrderStatus 方法取得目前的訂單狀態，這個方法應回傳一個包含所有委託單的資料表（DataFrame），並篩選出未完全成交的訂單。這裡透過以下的條件篩選：

參數	說明
leavesQty	不等於 "0"：表示還有未成交的數量。
status	以 "101" 開頭：表示訂單處於未完成狀態。
symbol	等於目前交易標的。

▎檔名：8_1_ 網格交易實單程式 _ 元富版本 .py

```
class ConcreteMarketTrader(MarketTrader):
    …(中間忽略 )
```

```
def DeleteAllOrder(self):  # 刪除所有未成交
    # 找出未成交單
    latest_data = self.GetOrderStatus()

    if latest_data.shape[0] > 0:
        order_data = latest_data[
            (latest_data["leavesQty"] != "0")
            & (latest_data.status.str[:3] == "101")
            & (latest_data["symbol"] == self.symbol)
        ]
```

對於每一筆符合條件的訂單，執行刪單操作，使用 OrderQtyChange 類別建立一個修改訂單數量的請求，將數量設定為「0」來表示刪單，並使用 API 的 ChangeOrderQty 方法來提交刪單請求。

▌檔名：8_1_ 網格交易實單程式 _ 元富版本 .py

```
# 依序將未成交單刪除
for index, row in order_data.iterrows():
    print(f'{row["ordNo"]} 刪單 ')
    replaceOrder = OrderQtyChange(
        ordNo=row["ordNo"], qty="0", tradingAccount=self.accounts[0]
    )
    self.api.ChangeOrderQty(replaceOrder)
```

技巧 81 【實作】取得最新帳戶委託成交狀態

本技巧將介紹在網格交易當中，我們會使用到的自定義取得帳務函數，該函數的功用是自動將所有帳務回報取回，依照時間、單號、狀態去整理完成後，得到一個最新、最完整的帳務表單（DataFrame），讓我們用來判斷是否有完全成交的帳務，以便我們進行網格交易的重新佈置委託單。

❖ ConcreteMarketTrader 類別與 GetOrderStatus 方法

ConcreteMarketTrader 類別繼承自 MarketTrader，包含了一個名為「GetOrderStatus」的方法，GetOrderStatus 方法會向 API 發送查詢請求，然後將回傳的委託訊息轉換為 DataFrame 格式，並提取出最新的訂單狀態。

我們先向 API 發送查詢請求，以取得所有委託訂單的最新狀況，並等待 0.5 秒，以確保查詢結果能夠回傳，接著將回傳的訂單轉換為 Pandas 的 DataFrame 格式，方便後續的資料處理。

▌ 檔名：8_1_ 網格交易實單程式 _ 元富版本 .py

```python
class ConcreteMarketTrader(MarketTrader):
…( 中間忽略 )
    def GetOrderStatus(self):  # 找出委託中的最新狀況
        # 再送一次委託查詢
        self.api.QryRepAll(self.accounts[0])
        sleep(0.5)
        # 將所有委託設定轉換為 DataFrame
        order_book_data = pd.DataFrame(self.my_order_book)
```

如果存在帳務回傳紀錄，則遍歷所有唯一的委託書號 ordNo。對於每個委託書號，提取出對應的委託書號，並複製第一行作為最新狀態行 latest_row。

如果該委託書號有多條紀錄，則遍歷這些記錄，並更新 latest_row 中的各項資訊，包括 lastdealTime、status、leavesQty、cumQty 和 dealPri 欄位。

最後，將所有最新狀態列組合成一個新的 DataFrame。對最新的委託狀態資料進行時間格式的轉換，並篩選出符合目前交易標的（symbol）的委託，然後回傳這些最新的委託狀態資料；如果沒有任何委託資訊，則回傳一個空的 DataFrame。

▌ 檔名：8_1_ 網格交易實單程式 _ 元富版本 .py

```python
            if len(self.my_order_book) > 0:
                all_row = []
                for ordNo in order_book_data["ordNo"].unique():
                    tmp_order_book_data = order_book_data[
                        order_book_data["ordNo"] == ordNo
                    ].copy()
                    latest_row = tmp_order_book_data.iloc[0].copy()
                    if tmp_order_book_data.shape[0] > 1:
                        for index, row in tmp_order_book_data.iloc[1:].iterrows():
                            latest_row["lastdealTime"] = row["lastdealTime"]
                            latest_row["status"] = row["status"]
                            latest_row["leavesQty"] = row["leavesQty"]
                            latest_row["cumQty"] = row["cumQty"]
                            latest_row["dealPri"] = row["dealPri"]
```

```
        all_row.append(latest_row)
    latest_data = pd.concat(all_row, axis=1).transpose()

    latest_data["trxTime"] = pd.to_datetime(
        datetime.now().strftime("%Y%m%d") + " " + latest_data["trxTime"],
        format="%Y%m%d %H:%M:%S.%f",
    )
    latest_data = latest_data[(latest_data["symbol"] == self.symbol)].copy()
    return latest_data
else:
    return pd.DataFrame()
```

技巧82 【實作】自定義網格佈單函數

本技巧將介紹在網格交易當中，我們會使用到的自定義網格佈置委託單的方法，主要是透過網格基準價及相關的參數，幫助我們自動化將網格的委託單送出的動作。

❖ ConcreteMarketTrader 類別與 RunStrategyOrder 方法

ConcreteMarketTrader 類別繼承自 MarketTrader，包含了一個名為「RunStrategyOrder」的方法，RunStrategyOrder 方法會根據目前股票的漲跌停價、庫存狀況、初始價格和策略設定，依次佈置買賣委託單，實現網格交易策略。

這是 RunStrategyOrder 方法的定義，負責執行網格交易策略的主要邏輯。先向 API 請求目前股票的基準價（包括漲停價和跌停價），並等待查詢結果回傳。

▌檔名：8_1_ 網格交易實單程式 _ 元富版本 .py

```
class ConcreteMarketTrader(MarketTrader):
…( 中間忽略 )
    def RunStrategyOrder(self):  # 網格佈單

        # 查詢股價的漲跌停價
        self.api.ReqBasic(self.symbol)
        # 無限迴圈判斷 symbol 的基本資料回傳
        while self.stock_basic.get(self.symbol) == None:
            pass

        # 抓出漲跌停價價位
        stock_ceil = float(self.stock_basic[self.symbol][1])
```

```
stock_floor = float(self.stock_basic[self.symbol][2])
```

接著，查詢目前帳戶的庫存，並計算出庫存出場單位股數。顯示策略的基本資訊，包括股票代碼、漲跌停價、初始價格、資金持有比例和庫存總股數。

▋檔名：8_1_ 網格交易實單程式 _ 元富版本 .py

```
# 查詢庫存以後計算出場數量
self.api.ReqInventoryRayinTotal(self.accounts[0])  # 查詢庫存
# 無限迴圈判斷 symbol 的庫存資料回傳
while self.stock_inventory.get(self.symbol) == None:
    pass


# 庫存出場單位股數 = 庫存股數 /（庫存比例 / 每單位比例）
inventory_qty = self.stock_inventory.get(self.symbol)
line_print(
    f" 蛛網佈單 \n"
    + f" 商品 :{self.symbol}\n"
    + f" 漲停 :{stock_ceil}\n"
    + f" 跌停 :{stock_floor}\n"
    + f" 蛛網基準 :{self.init_price}\n"
    + f" 目前占策略資金持有比例 :{self.init_ratio}%\n"
    + f" 庫存總股數 :{inventory_qty}\n"
    + f" 理論庫存剩餘單位數 :{(self.init_ratio/self.grid_unit)}"
)
```

依序佈置買單，計算初始買入價格和比例，然後迴圈判斷「目前價格是否低於跌停價」，並且「買入單位未超過上限」。找到適當的買入價格後，計算委託股數，並顯示相關資訊，最後下單並調整價格和比例，進行下一次迴圈。

▋檔名：8_1_ 網格交易實單程式 _ 元富版本 .py

```
# 向下掛出當日買進價位
tmp_init_price = self.init_price * (1 - self.grid_gap)
tmp_init_ratio = self.init_ratio + self.grid_unit
# 檢查買進價位 還沒超出跌停價 以及 買進單位還沒超過上限
while tmp_init_price >= stock_floor and round(tmp_init_ratio) < 100:
    # 找出可以下單的價格跳動點
    excute_price = min(
        [i for i in self.stock_price_list if i >= round(tmp_init_price, 2)]
    )
```

```python
# 掛出相對應的價位數量
# 委託股數 = 單次投入金額 / 股價
# (單次投入金額 = 策略金額 * 每單位%數)
singal_order_amount = self.strategy_amount * (self.grid_unit / 100)
singal_order_qty = int(singal_order_amount / excute_price)
line_print(
    f"買 \n"
    + f"策略基準價:{round(tmp_init_price,2)}\n"
    + f"策略單位:{tmp_init_ratio/self.grid_unit}\n"
    + f"委託價:{excute_price}\n"
    + f"委託總額:{singal_order_amount}\n"
    + f"委託股數:{singal_order_qty}"
)
# 送出委託單
self.OrderStockLMT("Buy", self.symbol, excute_price, singal_order_qty)
# 委託單價 向下調整
tmp_init_price *= 1 - self.grid_gap
tmp_init_ratio += self.grid_unit
```

　　向上佈置賣單，計算初始賣出價格和比例，然後迴圈判斷「目前價格是否高於漲停價」，並且「賣出單位未超過下限」。找到適當的賣出價格後，計算賣出股數，並顯示相關資訊，最後下單並調整價格和比例，進行下一次迴圈。

▌檔名：8_1_ 網格交易實單程式 _ 元富版本 .py

```python
# 向上掛出當日賣出價位
tmp_init_price = self.init_price * (
    1 + self.grid_gap * self.up_down_grid_gap_diff
)
tmp_init_ratio = self.init_ratio - self.grid_unit
# 檢查買進價位 還沒超出漲停價 以及 賣出單位還沒超過下限
while tmp_init_price <= stock_ceil and round(tmp_init_ratio) > 0:
    # 找出可以下單的價格跳動點
    excute_price = max(
        [i for i in self.stock_price_list if i <= round(tmp_init_price, 2)]
    )
    # 掛出相對應的價位數量
    singal_cover_price = excute_price
    # 計算要賣出的單位數量
    singal_cover_qty = int(inventory_qty / (self.init_ratio / self.grid_unit))
    line_print(
```

```
                f" 賣 \n"
                + f" 策略基準價 :{round(tmp_init_price,2)}\n"
                + f" 第 N 單位 :{tmp_init_ratio/self.grid_unit}\n"
                + f" 委託價 :{excute_price}\n"
                + f" 委託股數 :{singal_cover_qty}"
            )
            # 送出委託單
            self.OrderStockLMT("Sell", self.symbol, excute_price, singal_cover_qty)
            # 委託單價 向上調整
            tmp_init_price *= 1 + self.grid_gap * self.up_down_grid_gap_diff
            tmp_init_ratio -= self.grid_unit
```

技巧83 【實作】程式完整流程解析

在網格交易當中，我們應該如何整合前面幾個技巧內說明的方法，本技巧將進行完整的程式完整流程解析。

程式的進入點是由「if __name__ == "__main__"」這個判斷式開始執行，程式主要分為以下幾個動作：

- 記錄盤前時間：記錄目前時間，用於後續比較訂單時間。

- 實例化交易對象：建立一個 ConcreteMarketTrader 類別的實例。

- 登入：使用 Login 方法登入交易系統。

- 刪除所有未成交訂單：使用 DeleteAllOrder 方法來刪除所有未成交的訂單。

- 執行網格佈單策略：使用 RunStrategyOrder 方法來根據設定的策略佈置訂單。

▌檔名：8_1_ 網格交易實單程式 _ 元富版本 .py

```
if __name__ == "__main__":
    # 記錄盤前時間
    record_time = datetime.now()
    # 實例化下單物件
    trade = ConcreteMarketTrader()
    # 登入
    trade.Login()
    # 全部刪單
    trade.DeleteAllOrder()
    # 策略式下單
    trade.RunStrategyOrder()
```

　　接著，定期檢查是否有特定價位完全成交，並決定是否重新佈置委託單。主程序會每隔 5 分鐘檢查一次訂單狀況，並根據結果進行相應的調整。每 5 分鐘需要執行一次「取得最新委託單：呼叫 GetOrderStatus 方法」，來取得最新的訂單狀況；如果沒有訂單紀錄，則繼續下一輪檢查。

▌檔名：8_1_ 網格交易實單程式 _ 元富版本 .py

```
# 每 5 分鐘偵測一次
while True:
    sleep(300)
    if (
        datetime.now().strftime("%H%M") <= "0830"
        or datetime.now().strftime("%H%M") >= "1330"
    ):
        break
    print(f"{datetime.now()} 判斷一次 ")
    # 取得所有最新委託單
    symbol_order_status = trade.GetOrderStatus()
    if symbol_order_status.shape[0] == 0:
        print(f" 尚無委託紀錄 ")
        continue
```

　　「取得最新委託單：呼叫 GetOrderStatus 方法」會取得最新的訂單狀況；如果沒有訂單記錄，則繼續下一輪檢查，分析訂單狀況，並調整訂單。

▌檔名：8_1_ 網格交易實單程式 _ 元富版本 .py

```
    # 取得所有未刪單的委託紀錄 ( 在每次紀錄點以後 )
    symbol_not_delete_data = symbol_order_status[
        ~(
            (symbol_order_status["status"].str[:3] == "101")
            & (symbol_order_status["leavesQty"] == "0")
        )
        & (symbol_order_status["trxTime"] > record_time)
    ]
```

　　接著，抓取所有買賣點位，並判斷每個點位是否完全成交；如果完全成交，記錄成交數量和時間。

▌檔名：8_1_ 網格交易實單程式 _ 元富版本 .py

```
# 抓到每一個買賣、點位
bs_price = symbol_not_delete_data[["side", "price"]].values.tolist()
unique_bs_price = list(set(tuple(item) for item in bs_price))
all_deal = []
for bs, price in unique_bs_price:
    singal_order = symbol_not_delete_data[
        (symbol_not_delete_data["side"] == bs)
        & (symbol_not_delete_data["price"] == price)
    ]
    # 判斷這個點位是否完全成交
    if (singal_order["status"].str[:3] == "111").sum() == singal_order.shape[0]:
        deal_qty = singal_order["qty"].astype(float).sum()
        all_deal.append(
            [bs, price, deal_qty, singal_order["lastdealTime"].max()]
        )
```

然後，判斷是否有完全成交的狀況，如果沒有的話，就等待下次 5 分鐘；如果有的話，需要執行下面幾個動作。

- 記錄帳務：將最新的委託單狀況記錄到 CSV 檔案中，這是筆者常用的方法，方便未來回頭檢視。

- 更新基準價和策略參數：根據成交紀錄更新基準價，並重新調整網格交易策略參數。

- 重新佈單：刪除所有未成交訂單，並根據新策略重新佈置訂單。

▌檔名：8_1_ 網格交易實單程式 _ 元富版本 .py

```
if all_deal != []:
    # 把帳務記錄下來
    symbol_order_status.to_csv(
        f" 元富帳務 _{datetime.now().strftime( '%Y%m%d_%H%M')}.csv"
    )
    buy_deal_len = len([i for i in all_deal if i[0] == "B"])
    sell_deal_len = len([i for i in all_deal if i[0] == "S"])
    latest_time = max([i[3] for i in all_deal])
    latest_deal_price = [i[1] for i in all_deal if i[3] == latest_time][0]
    deal_num = buy_deal_len - sell_deal_len
    if deal_num > 0:
        line_print(f"\n 買方成交 {deal_num} 單位 \n 新基準價 :{latest_deal_price}")
    elif deal_num < 0:
```

```
        line_print(f"\n 賣方成交 {deal_num} 單位 \n 新基準價 :{latest_deal_price}")
    else:
        line_print(f"\n 買賣方皆成交 \n 新基準價 :{latest_deal_price}")

    trade.ChangeGridArgu(latest_deal_price, deal_num)
    record_time = datetime.now()
    trade.DeleteAllOrder()
    trade.RunStrategyOrder()
else:
    print(f" 判斷沒有新的成交紀錄 ")
```

技巧84 【實作】網格實際上線的流程

在本技巧中，我們將介紹如何正式啓動網格交易策略，包括手動建立初始部位、填入初始部位資訊至設定檔，以及將執行過程寫成 Windows 作業系統執行腳本。完成這些步驟後，你將能夠自動化網格交易策略，並持續監控狀態。

❖ 手動建立初始部位

在啓動網格交易策略之前，我們需要手動建立初始部位：

- 選擇目標證券：選擇適合的證券。
- 確定網格交易總資金：依據風險承受能力和資金狀況確定投資金額。
- 確定初始部位金額：依照喜好與回測評估決定網格初始部位。
- 記錄交易資訊：記錄購買的股票或資產數量、價格和交易時間等資訊，以便後續設定使用。

舉例來說，我們設定 100 萬投資「0050」網格投資策略，而我們設定 50% 初始資金，則必須要手動買入「0050」50 萬（100 萬乘 50%）的部位，來作爲一開始的網格策略部位，接著再啓動自動化網格買賣程式，做部位的縮放調整。

❖ 填入初始部位資訊至設定檔中

建立初始部位後，你需要將相關資訊填入網格交易策略的設定檔中，這些資訊通常包括股票代碼、初始價格、持有數量等。以下是設定檔的範例及填寫說明：

項目	說明
strategy_amount	策略總額。
init_price	初始部位的成本價，例如：255 元（查看券商軟體，裡面都會有一個持有平均成本價）。
init_ratio	初始部位占策略總額的 n%。

需要注意填寫的部分，如下檔案（粗體）所示：

▌檔名：config.ini

```
[account]
id = 元富帳號
password = 元富密碼


[parameters]
symbol = 交易商品，ex：2330 股票代碼
strategy_amount = 交易總額，ex：1000000，則代表最多持有的股票成本
init_price = 基準價格，ex：策略期初持有的成本價
init_ratio = 目前策略持有部位比例，ex：80 代表目前持有占總資金 80%
grid_gap = 網格間距，ex：0.02 代表每格網格間距為 2%
grid_unit = 網格每單位比例，ex：5 代表每單位占總資金 5%
up_down_grid_gap_diff = 賣出網格間距 / 買進網格間距，ex：1.4，代表買進間隔為 5%，賣出間隔為 7%
```

❖ 將執行過程寫成 Windows 執行腳本

　　為了簡化啟動網格交易策略的過程，你可以將執行過程寫成 Windows 執行腳本。我們必須先建立一個基本的 bat 檔，Windows 批次執行檔是在作業系統上的腳本，也就是若要在作業系統中執行一連串的動作，就會透過腳本檔（bat），而讀者也不用擔心，這裡介紹的是基本的 bat 檔案，並不用深入的研究應用，只需了解 bat 檔如何使用即可；若有進階的學習應用，再另外學習。這裡將會自製一個簡單的 bat 檔，最簡單的方式就是建立一個 .txt 的文字檔，將副檔名改為「.bat」，內容如下：

▌檔名：8_2_執行網格交易腳本 .bat

```
::  執行虛擬空間
call D:\pythonProject\ 台股網格自動化交易書 \.venv\Scripts\activate.bat

::  切換路徑
D:
cd "D:\pythonProject\ 台股網格自動化交易書 "
```

```
:: 執行策略推播程式
call python.exe -i 8_1_網格交易實單程式_元富版本.py
```

　　第一行是執行虛擬空間，主要是讓執行環境變成我們開發的虛擬 Python 環境；第二行是切換指定分割區、指定目錄，讀者可以將自己的分割區取代範例碼中的「/d」，並將自己指定的目錄取代為「"D:\pythonProject\ 台股網格自動化交易書"」；第三行是執行指定的指令，最前面要放置「call」，讀者放上自己要執行的策略，若有策略參數的話，也一併放入。最後策略有輸出 console 的話，也可以將輸出導向「>」至某個檔案，範例檔導向至「XXX.log」。

技巧85 【實作】申請 Line Notify 並推播訊號監控

　　如果 Python 程式交易的同時，可以將目前的一舉一動自動推播到我們的行動裝置，那是一件很酷的事情。在什麼時間、哪個策略、下了哪個股票、幾張等事情，皆不用再盯著螢幕關注了，接著我們就來介紹如何透過 Line 來推播訊息。

|STEP| **01** 我們到 Line Notify 的官方網站[1] 進行登入，接著點選右上方的「個人頁面」選項，如圖 8-1 所示。

▲ 圖 8-1

＊1　Line Notify 官方網站：[URL] https://notify-bot.line.me/zh_TW/。

|STEP| **02** 進入後，點選「發行權杖」按鈕，如圖 8-2 所示。

▲ 圖 8-2

|STEP| **03** 選擇要推播的群組及權杖的名稱。權杖的名稱在推播的文字最前方會提示，最後點選「發行」按鈕，分別如圖 8-3 所示。

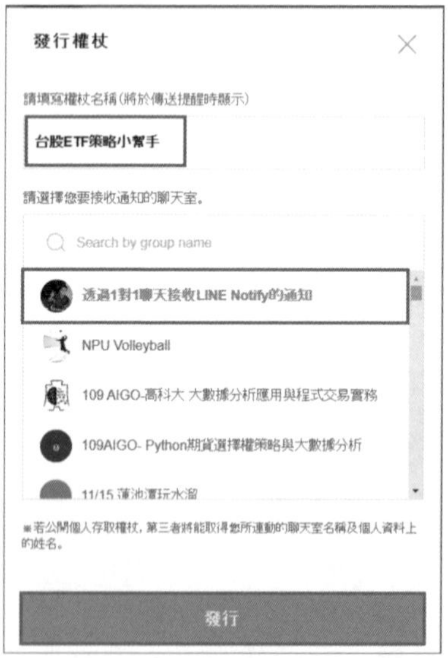

▲ 圖 8-3

|STEP| **04** 取得權杖後，我們點選「複製」按鈕，將權杖複製下來，如圖 8-4 所示。

已發行的權杖如下。

9lKl1suyROv49xloNVckEKRiV2idBZ4abAGztGJ

若離開此頁面，將不會再顯示新發行的權杖。離開頁面前，請先複製權杖。

複製　　　關閉

▲ 圖 8-4

|STEP| **05** 我們要透過 Python 進行推播，要先在 Python 安裝 Line Tool 的套件（pip 的介紹可以參考第 1 章）。

過程如下：

```
>pip install lineTool
Collecting lineTool
  Downloading https://files.pythonhosted.org/packages/7a/29/7e96eef82de56d045e0016bbd7b7a4
1f597444ee0c7a38b0a5cdc6034a16/lineTool-1.0.3.tar.gz
Installing collected packages: lineTool
  Running setup.py install for lineTool ... done
Successfully installed lineTool-1.0.3
You are using pip version 10.0.1, however version 18.1 is available.
You should consider upgrading via the 'python -m pip install --upgrade
```

|STEP| **06** 安裝完成後，我們將推播撰寫為一個函數。

程式碼如下：

▋ 檔名：8_1_ 網格交易實單程式 _ 元富版本 .py

```
def line_print(msg):
    print(msg)
    try:
        # Line 推播
        token = "7CQD4kODYN0BM0OT3wkZWmYsJo683noaEYfPluzOBNB"
        lineTool.lineNotify(token, msg)
    except:
        print("line notify 失效 ")
```

> 🚀 **說明** 其中的 line_print 函數，會使用到 config 檔案內的 line_token 變數，所以讀者需要將自己的 Line Notify 的 Token 寫入 config.py 當中。

透過網格交易的「8_1_ 網格交易實單程式 _ 元富版本 .py」程式，裡面有引用到 line_print 函數，這樣就可以將指定的字串推播至 Line 中。

|STEP| **07** 執行「8_1_網格交易實單程式_元富版本.py」，Line 推播如圖 8-5 所示。

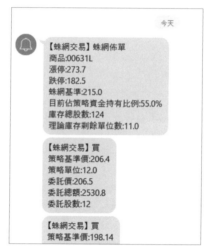

今天

【蛛網交易】蛛網佈單
商品:00631L
漲停:273.7
跌停:182.5
蛛網基準:215.0
目前佔策略資金持有比例:55.0%
庫存總股數:124
理論庫存剩餘單位數:11.0

【蛛網交易】買
策略基準價:206.4
策略單位:12.0
委託價:206.5
委託總額:2530.8
委託股數:12

【蛛網交易】買
策略基準價:198.14

▲ 圖 8-5

技巧 86 【實作】設定排程自動執行網格交易

本技巧將介紹如何在 Windows 作業系統中自動執行排程，而若要穩定執行策略，不用每天去主機確認目前策略是否有執行，最直接的方式就是在 Windows 內設置系統排程設定，並且在執行的策略當中設置 Line Notify 的訊息，這樣就能夠減少「每天檢驗程式是否正常執行」的程序了。

我們來介紹如何設定 Windows 作業系統排程。設置 Windows 作業系統的排程，需要先準備幾個部分：

- Windows 批次執行檔（bat）。
- 工作排程器。

建立批次執行檔後，就可以開始設置 Windows 工作排程。

|STEP| **01** 開啟工作排程器，接著點選「工作排程器程式庫」，如圖 8-6 所示。

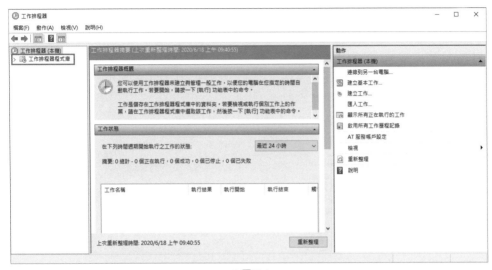

▲ 圖 8-6

|STEP| **02** 進入程式庫，接著點選「建立工作」，如圖 8-7 所示。

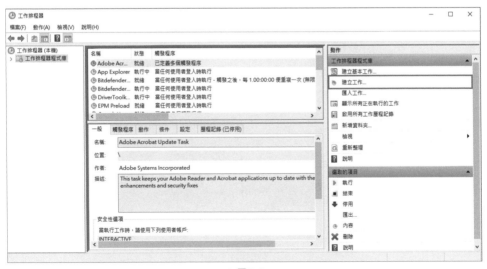

▲ 圖 8-7

|STEP| 03 進入「建立工作」程序，輸入工作名稱，建議勾選「不論使用者登入與否均執行」，如圖 8-8 所示。

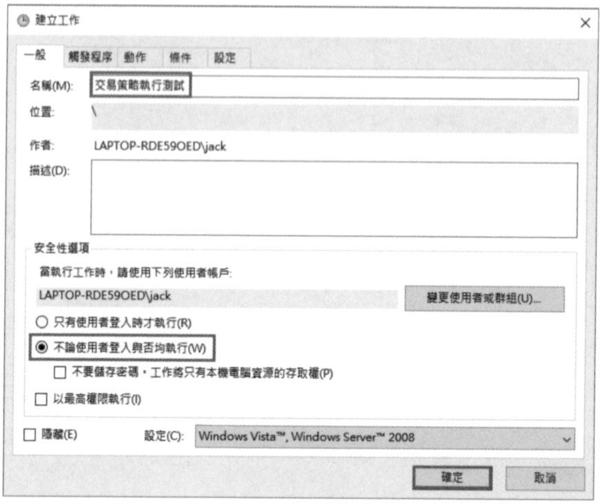

▲ 圖 8-8

|STEP| 04 進入「觸發程序」頁籤，點選「新增」按鈕，如圖 8-9 所示。

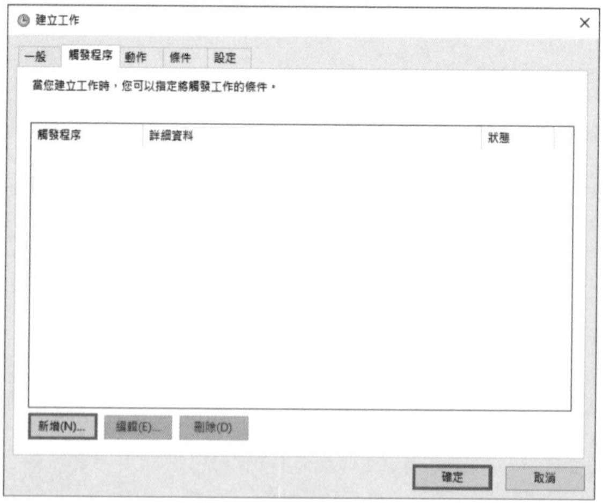

▲ 圖 8-9

|STEP| **05** 開始設定觸發程序,若是國內交易商品,可以設定為「每週」,設定時間為每日盤前
(建議為早上 8:55 點以前),接著勾選「星期一至星期五」,並點選「確定」按鈕,即
設定完成,如圖 8-10 所示。

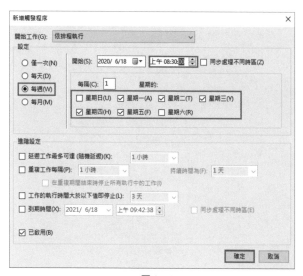

▲ 圖 8-10

|STEP| **06** 進入「動作」頁籤,點選「新增」按鈕,如圖 8-11 所示。

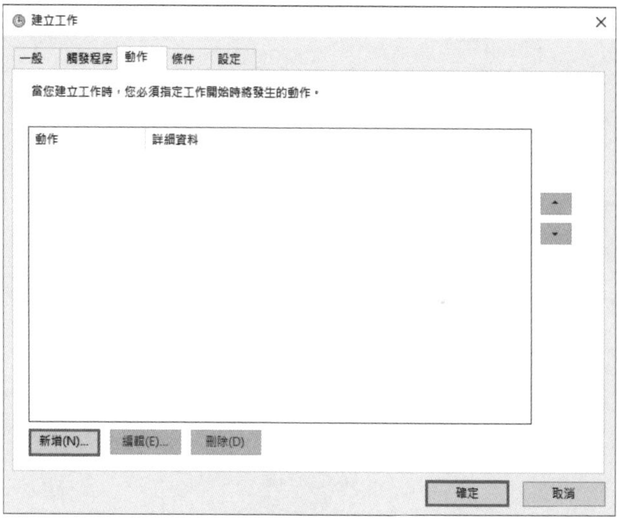

▲ 圖 8-11

|STEP| **07** 將撰寫好的批次執行檔（bat）放入「程式或指令碼」，並點選「確定」按鈕，如圖 8-12 所示。

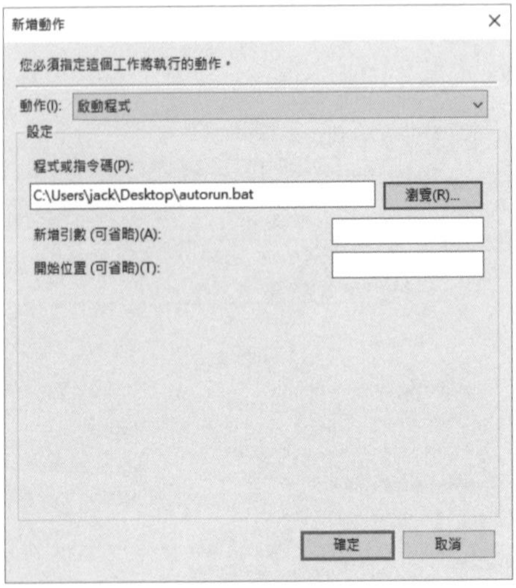

▲ 圖 8-12

|STEP| **08** 確認完動作後，點選「確定」按鈕來建立工作，如圖 8-13 所示。

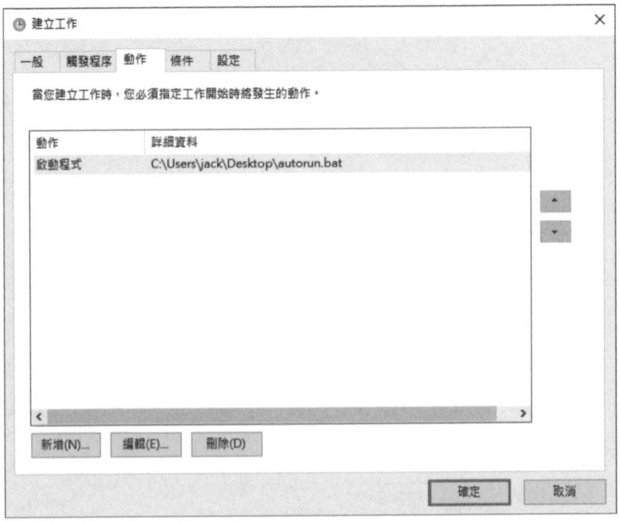

▲ 圖 8-13

|STEP| **09** 輸入作業系統密碼，並點選「確定」按鈕，如圖 8-14 所示。

▲ 圖 8-14

|STEP| **10** 新增完成，如圖 8-15 所示。讀者可以透過 Line Notify 去驗證自己的訊號程式是否正確啟動，也可以將結果導向至 log 檔，若有錯誤訊息，也會輸出至 log 檔方便除錯。

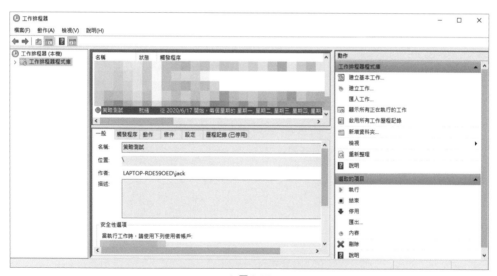

▲ 圖 8-15

memo

memo

memo

memo

memo

memo

memo

memo

memo

博碩文化

博碩文化